DE LA SAUVEGARDE

DES PEUPLES,

CONTRE LES ABUS DU POUVOIR.

REMARQUE ESSENTIELLE.

CET Ouvrage était sous presse lorsque l'acte additionnel aux constitutions de l'empire a été publié. L'auteur n'aurait point livré ses idées au public, s'il n'eût cru les rendre profitables à la formation d'une constitution nouvelle : néanmoins il a résolu de laisser écrit ce qui était écrit, et il ne s'arrêtera pas à examiner jusqu'à quel point cet acte additionnel répond à l'attente des Français, et quelle est sa conformité avec les vrais principes de l'organisation sociale. Chaque citoyen sera à portée de vérifier cette conformité, et de porter un jugement sain et équitable sur le mérite de cet œuvre politique, en prenant pour guide les règles de la procuration.

N. B. Tout exemplaire qui ne sera point paraphé par l'auteur sera réputé contre-façon.

DE LA SAUVEGARDE

DES PEUPLES,

CONTRE LES ABUS DU POUVOIR,

FONDÉE

Sur les règles de la procuration, établies dans le Code civil des Français, applicables à la formation d'une Constitution stable et libérale;

AVEC

Une nouvelle division des pouvoirs; un nouveau système électoral hors de portée de l'intrigue; une nouvelle organisation du pouvoir législatif, et un nouveau plan de l'organisation de la garde nationale, offrant les moyens de prévenir et d'arrêter l'invasion de l'ennemi;

PAR P.-ASCENSION GARROS, INGÉNIEUR.

A PARIS,

Chez Madame GOULLET, Libraire, Palais-Royal, Galeries de bois, côté du jardin, n°. 259.

Avril 1815.

PRÉFACE.

'J'ai vu les mœurs de mon tems, et j'ai publié ces lettres. Que n'ai-je vécu dans un siècle où je dusse les jeter au feu! (*) J'ai vu depuis vingt-cinq ans les révolutions de mon pays ; j'ai vu les constitutions qu'elles ont enfantées. J'ai médité sur les révolutions des divers empires, et j'ai comparé les constitutions qui, depuis plus de deux mille ans, ont régi les grandes familles du genre humain. J'ai lu les projets des écrivains et des politiques du jour , et j'ai osé écrire.

J'ai pris mon texte dans le Code civil des Français. Cette autorité n'est point suspecte. L'impartialité le rédigea à l'abri des intrigues et des factions politiques. Elle

(*) Préface de la Nouvelle Éloïse.

y déposa les principes d'une constitution sage, et dont la stabilité reposerait sur les règles du droit naturel.

Les rois ne veulent point reconnaître la souveraineté des peuples, pour lesquels ils sont rois, et sans lesquels ils ne sont rien. Ils conjurent, ils se liguent, ils se révoltent contre la souveraineté et l'indépendance des nations. Que la raison humaine, que l'intérêt des peuples les réveillent, et les rois se glorifieront de n'être que les mandataires, les *Procureurs-fondés* de ceux dont ils n'entendent faire que leurs esclaves. L'Europe est justement indignée des attentats et de l'oppression des rois. Une révolution européenne commence. C'est pour en arrêter l'effet, et pour remettre tous les peuples à la chaîne, que les rois forment une nouvelle croisade contre la France. Il faut donc éclairer tous les peuples sur leurs droits, et leur montrer que les Français en défendant les leurs, combattent pour la cause commune à toutes les nations : la liberté, l'égalité et l'indépendance. C'est en faveur de tous les peuples que j'ai écrit, tout en discutant l'organisation sociale en France.

Mon ouvrage appartient à l'Europe, et c'est à la famille européenne qu'il s'adresse. Toute l'Italie réclame unanimement une constitution libérale. L'Espagne regrette celle des Cortès, en partie imitée de nos premiers chefs-d'œuvres en ce genre de productions, devenues si faciles aujourd'hui ; un immense parti de l'Angleterre ne veut plus de sa Charte féodale, ni de son régime despotico-ministériel ; toute l'Allemagne se débat pour une constitution que les rois conjurés lui refusent ; la Pologne est prête à imiter l'exemple de l'Italie. Je puis donc avoir des lecteurs dans chaque contrée de l'Europe.

O vous ! nations policées du continent, qui vous trouverez tôt ou tard dans le cas de délibérer sur la forme d'un gouvernement de votre choix, sachez recueillir les lumières que les factions royales et les ennemis de notre liberté, ont tant cherché à étouffer. Sachez profiter de nos écarts et de nos erreurs pour les éviter. Ne livrez jamais, à aucun prix, l'exercice de vos droits dans les mains d'un seul. Distinguez, classez et distribuez les pouvoirs entre les mains de mandataires à tems, de telle sorte qu'il n'y ait ni cumulation, ni confusion qui puisse vous faire craindre de passer sous un despotisme nouveau, plus redoutable que celui dont vous vous serez affranchis. Joignez sur-tout l'éducation civile à l'instruction martiale. Renoncez à jamais, à toute guerre offensive ; mais réunissez, préparez un ensemble de nouveaux moyens militaires de défense, de telle sorte qu'ils rendent inutiles tous ceux d'attaque : bientôt vous ne connaîtrez plus le fléau de la guerre, et les chefs de votre administration sociale ne concevront d'autres idées que celles qui auront pour but de perfectionner vos lois, vos mœurs et vos institutions.

DE LA SAUVEGARDE

DES PEUPLES,

CONTRE LES ABUS DU POUVOIR.

PREMIÈRE PARTIE.

DES PRINCIPES DU MANDAT, ET DES DIVERSES FORMES DE GOUVERNE- MENT.

§. 1er. *Origine et fondation de la Société.*

I. L'ÉTAT de société est naturel à l'homme, ainsi qu'à la fourmi, à l'abeille et au castor. Ses besoins, ses inclinations, sa faiblesse, et le don de communiquer sa pensée (1), le rapprochent de ses semblables. Tous habitent la même terre, ils ont une nature commune ; les mêmes facultés, les mêmes inclinations, les mêmes desirs.

1

Nul ne péut se passer de l'aide de ses voisins. Ce n'est donc que par leurs secours mutuels que les hommes parviennent à être tranquilles et heureux.

C'est ainsi qu'ils sont essentiellement égaux par la nature. C'est ainsi que l'égalité est le premier, le plus saint de tous les droits. C'est pourquoi toute prétention contraire à l'égalité sociale est un attentat, tout privilége qui tend à la détruire est un crime funeste à la société, et toute noblesse héréditaire une immoralité destructive de la paix et du bonheur social : l'exemple de tous les siècles, sans parler de celui de nos jours, l'a suffisamment prouvé. Que les peuples soient donc assez sages pour n'en plus vouloir à l'avenir. Peuvent-ils méconnaître que ceux chez lesquels il règne le plus de distinctions, d'ordres, de priviléges, d'inégalité, en un mot, sont les plus tyrannisés, les plus agités et les plus malheureux ? L'inégalité est un fléau destructeur de la félicité sociale, un crime de lèze-autorité divine, et les maux qu'il entraîne annoncent qu'il est le moins impuni.

II. La masse des hommes jetée sur le globe terrestre, compose la grande famille des nations. Les rapports naturels qui existent entre les hommes de la grande famille, formant la sociabilité des peuples entr'eux, constitue le droit politique des nations, ou le *droit des gens*. Les rapports généraux qui existent entre les hommes, touchant les intérêts communs d'une nation, constituent le droit politique de cette nation, et les rapports particuliers qui existent entre les hommes relativement à des intérêts personnels, constituent le droit civil de l'Etat.

III. Tout droit civil ou politique des hommes et des Etats est essentiellement fondé sur les lois naturelles ; et tout ce que l'on pourrait prétendre être un droit civil ou politique, qui ne résulterait pas des lois naturelles, et qui leur serait contraire, est une usurpation ou une violation de ces mêmes lois.

IV. Les lois naturelles résultent de la nature de l'homme, de sa constitution primitive, de ce qui en est une suite nécessaire, des besoins et des sentimens qui rapprochent et lient les hommes entr'eux. Elles furent imposées par l'Eternel. Ainsi, les lois naturelles ne sont que les lois divines, que nulle autorité ne peut abroger, ni impunément enfreindre.

V. C'est la *raison*, qui n'est que *la vérité découverte par l'expérience, méditée par la ré-*

flexion, et appliquée à la conduite de la vie(a), qui nous manifeste ces lois ; la raison universelle du genre humain, la raison, impartiale au-dessus de l'intérêt d'un seul, ou de celui du plus petit nombre, qui les interprète et nous y soumet, et non pas la raison du plus fort, du plus rusé, ni d'une caste qui s'arrogea des priviléges que la raison humaine proscrit. Car la raison du plus fort, en tant qu'elle ne se déduit que de la force, n'est pas la vraie raison, mais bien l'imposture, le crime et la tyrannie. Ce qui doit autoriser à dire que, pour l'ordinaire,

La raison du plus fort est toujours la *moins bonne* (2).

VI. Les rapports et les besoins naturels qui réunissent les hommes en société, donnent naissance à des intérêts particuliers et à des intérêts sociaux qui constituent les affaires civiles et politiques des hommes et des Etats. Le régime de ces intérêts constitue la législation de chaque peuple, et la conduite de ces affaires, suivant cette législation, constitue les gouvernemens.

VII. D'où il suit que la législation ne doit

(a) Essais sur les préjugés, par Dumarsais.

être que l'interprétation des lois naturelles , suivant la situation et les besoins de la société,
manifestés par son sentiment , et reconnus par
la raison. Ainsi , toute loi qui serait contraire
aux sentimens et à la raison du peuple qui
compose un Etat , ne peut être une loi obligatoire pour lui ; delà il est évident que c'est la
seule volonté d'une nation qui a le droit de faire
et de sanctionner la loi.

§. II, *Origine et essence du systéme représentatif.*

VIII. Quand une nation est trop grande pour
en rassembler les habitans , et qu'ainsi ils ne
peuvent veiller par eux-mêmes à la direction des
affaires communes ; quand un peuple est trop
nombreux pour prendre les suffrages de chaque
chef de famille , il est tout simple et tout naturel
que ceux-ci se réunissent par arrondissement, ou
par quartiers , pour charger celui d'entr'eux , qui
leur plaît le plus, d'énoncer leur volonté dans une
réunion de pareils délégués, ou d'y agir en leur
lieu et place. Delà l'origine du système répré-
sentatif. Il est dans la nature , il émane des lois
divines , la raison humaine le réclame ; il est
dans l'intérêt de tous les peuples de l'Europe.

En vain une petite poignée d'individus , qui

osent se dire les maîtres des nations , et qui ne
furent presque de tous les tems , capables que
de les exciter à s'entre-égorger, pour leur donner
des fers et les dépouiller de leurs droits et de
leurs propriétés , ranimeront-ils leur conjuration , pour anéantir le système représentatif; les
peuples n'en veulent point d'autre, et c'est d'ins-
piration divine qu'ils ont justement en horreur
le système féodal , né de l'abus scandaleux de la
force militaire, des conquêtes folles et criminelles , de l'oppression des satellites de la tyrannie , de l'ignorance et de l'esclavage des
peuples.

IX. De nouveau les aigles-lions s'élèvent ma-
jestueusement du sein de la France et de l'Italie,
et s'envolent vers les quatre coins de l'Europe ,
en criant : *A bas la féodalité ! à bas les restes
monstrueux de la féodalité ! plus d'arbitraire,
plus de tyrannie, plus de combats pour la cause
personnelle* (3) *des rois ! la paix , la paix, à jamais la paix , la liberté des hommes et l'indépendance des nations !*
Telles seront , en effet, les conséquences essentielles du système représentatif, lorsqu'il sera
admis par les divers peuples de l'Europe , dans
toute sa pureté et sa simplicité naturelle , dé-
gagé des tronçons pourris du système féodal , et

purgé des vils préjugés qui corrompent l'opinion publique, vicient les meilleures institutions et dégradent la multitude des hommes.
Il n'y aura plus de guerres quand elles ne
pourront plus être déclarées que par délibération des représentans des peuples, et que les
moyens de défense deviendront supérieurs à
ceux d'attaque.

X. Mais qu'est-ce donc que le système représentatif? C'est le système des lois naturelles
concernant le *mandat*, c'est-à-dire la *procuration*. Il suffit de savoir ce qui constitue la procuration, ce qui peut la concerner ou en résulter, relativement au constituant et au procureur
fondé, pour être en état d'apprécier l'essence du
système et du pouvoir représentatif, les droits
du peuple, et les devoirs de ses mandataires.
C'est pourquoi la masse du peuple, qui n'est
mue que par des sentimens naturels, en juge
plus sainement que ceux qui prétendent l'abuser
par une vaine érudition ; c'est pourquoi les efforts de l'éloquence des satellites de la royauté
et de la tyrannie, ne troublent plus son repos,
ne le portent plus à la guerre civile, et ne
peuvent désormais le détourner du sentiment
de son indépendance, de ses droits et de sa
force.

§. III. *Identité des principes du mandat, avec ceux d'une bonne et sage constitution.*

XI. Tous les peuples savent très-bien que les rois, ou les gouvernans, quels qu'ils soient, ne sont que *des chargés de procuration.* Ils savent qu'il en est des affaires de l'Etat, comme de celles d'une société quelconque, qu'elle ne peut traiter elle-même, et dont elle confie la direction à des *syndics, agens* ou *mandataires.* Les rois ne peuvent l'ignorer, depuis que le sage, le grand Marc-Aurèle, empereur des Romains, le re-connut solennellement, en disant au sénat et au peuple : *Je ne puis oublier que je ne suis que le chargé d'affaires de la république.* Ainsi, ce n'est pas par ignorance que les rois pèchent contre les règles qui découlent de ce principe, lorsqu'ils s'en écartent, et qu'ils prétendent faire une propriété du trône, c'est-à-dire, de l'Etat et du peuple, dont ils ne sont que les régisseurs. D'où il suit que les rois, qui disent *mon royaume*, mon *peuple* et mes *sujets*, ne sont que des usur-pateurs qui tendent à s'emparer des droits de la nation qui a la faiblesse de les tolérer, et qui violent les lois naturelles les plus sacrées.

XII. Tous les principes relatifs à la procuration s'appliquent à la constitution de l'Etat, aux droits et aux devoirs des gouvernans et des gouvernés. Ils ont été impartialement réunis dans le Code civil, et ils renferment l'essence de la constitution la plus parfaite. Cette vérité frappante se conçoit, et se démontre avec une étonnante facilité.

Suivons le parallèle des rapports du mandant au mandataire, du constituant au procureur fondé, avec les rapports qui existent entre une nation et les chefs de l'Etat, ou entre les gouvernés et les gouvernans.

XIII. Il faut nécessairement partir d'un principe, qui ne peut être nié que par des usurpateurs, et rejeté que par l'abus humiliant de la force publique ; ce principe qui vient d'être solennellement reconnu par l'Empereur et par le conseil d'état, ainsi qu'il fut proclamé par les assemblées nationales, est la *souveraineté du peuple*. En effet, une nation est aussi souveraine d'elle-même et du territoire qu'elle occupe, qu'un propriétaire l'est d'un antique héritage que défrichèrent ses aïeux, et dont ses pères restèrent imperturbables possesseurs. Le père des hommes et de l'univers, en créant le genre humain, lui donna la terre en toute souveraineté, et le genre humain s'en est fait le

partage , en vertu des lois naturelles , des circonstances et des localités. Il n'y a point d'absurdité plus grande et plus coupable, que de
prétendre que la domination de la terre et des
hommes qui l'habitent appartient à quelques
êtres privilégiés par leur naissance, qui , au lieu
d'être plus grands , plus forts , plus éclairés ,
plus sages et plus parfaits que les autres hommes,
sont généralement autant , ou plus petits, et plus
faibles que le reste de leurs semblables; presque
toujours moins éclairés , plus insensés , plus
ambitieux , plus méchans et plus corrompus.
Une nation est une société qui n'appartient qu'à
elle-même , qui ne doit être dépendante que
d'elle-même et des règles suivant lesquelles elle
trouve bon d'être gouvernée. Ainsi , le parallèle entre les droits de la nation sur son sol , sur
son régime , sur tout ce qui lui appartient, se
trouve en toute exactitude avec les droits du
possesseur légitime d'un antique domaine, sur
la manière dont il en peut disposer , ou entend
l'administrer.

XIV. Que fait un citoyen qui ne peut traiter
lui-même ses affaires ? Il choisit entre ceux qui
lui inspirent de la confiance, celui qu'il croit
en état de le représenter; il lui donne procuration d'agir en son nom, et pour ses intérêts,

comme il le ferait lui-même. A son égard, il
n'y a de mandataire légitime que celui qu'il
investit de ses pouvoirs d'après son libre choix.

C'est en vertu de ce droit naturel de
se faire représenter dans la direction des intérêts qui le concernent, qu'un peuple délègue
le pouvoir de gérer et administrer les affaires
publiques à ceux qu'il reconnaît pour chefs de
l'état.

De même que le procureur fondé ne doit pas
agir en son nom personnel, et qu'il ne peut
légalement opérer qu'au nom de celui de qui
il tient ses pouvoirs, de même le chef de l'Etat
ne doit agir ou ordonner qu'au nom de la
nation qui lui confie la régie des affaires ; de
même nul roi, nul gouvernant n'est légitime,
que celui qui reçoit la régie des affaires publiques des mains du peuple, et en vertu d'un
choix ou d'un consentement libre et indépen-
dant. Ainsi, combien furent ridicules, pour ne
pas dire coupables, ceux qui osèrent commander au nom du ciel, de qui ils prétendirent
tenir une puissance trop souvent usurpée par
la force ou par le crime !

XV. La procuration est, par son essence,
un contrat librement consenti entre deux parties, et qui les oblige respectivement l'une en-

vers l'autre (a). C'est d'après la même loi naturelle,
la liberté des conventions, qu'une constitution
librement faite par le peuple ou ses représentans, est obligatoire envers les gouvernans et les
gouvernés ; mais pour n'être pas radicalement
entachée du vice de nullité, pour avoir ce caractère de validité légale qui en fait une loi véritablement obligatoire envers tous, il faut qu'elle
réunisse les conditions que le législateur a prescrites pour la validité des contrats (4) et essentiellement le libre consentement des parties.

Il faut donc que la nation entière soit appe-
lée à donner son consentement à l'acte constitutionnel, et que le mode suivant lequel elle
émettra son vœu laisse à chaque votant l'indépendance et la liberté la plus grande pour exprimer et déposer son suffrage (5) ; par conséquent, on doit rejeter comme contraire à ce
principe le recueillement des votes sur des
registres, avec les noms des votans. Il est cons-
tant que cette méthode écarte tous ceux qui
ne veulent pas qu'on sache quel a été leur vœu,
et influe sur les suffrages de la partie qui se
trouve sous la dépendance des hommes et de
la circonstance du jour. Par le fait même qu'elle

(a) Art. 1984 du Code civil des Français.

nuit à la liberté des suffrages, elle entraîne la nullité de l'acte, pour la ratification duquel on l'a employée. Il faut donc absolument proscrire cette méthode illégitime et liberticide, et n'admettre que celle qui est conforme aux principes de la raison et de la justice.

XVI. Tel constituant charge une seule personne de sa procuration, tel autre la donne à plusieurs pour agir en commun dans la conduite de ses affaires : ainsi tel peuple trouve bon de confier la régie de ses affaires à un chef unique, parce qu'il pense que la monarchie lui sera plus salutaire, et lui assurera plus parfaitement sa tranquilité et son bonheur, tandis que tel autre peuple préfère la *polyarchie*, et croit mieux assurer sa liberté, son indépendance et ses droits, en associant plusieurs chefs au gouvernement de l'état.

XVII. La procuration peut contenir le pouvoir illimité de faire ce que le procureur fondé jugera convenable, ou seulement un pouvoir limité de la manière qu'elle a prescrite. Dans le premier cas, c'est la dictature ou la monarchie absolue ; dans le second, c'est la monarchie tempérée suivant la limite et la distinction des pouvoirs, ce qui est la plus belle, la plus puis-

sante sauvegarde de la liberté des peuples ,
principe salutaire, presqu'inconnu des anciennes
république, et l'essence du systême représentatif.

Dans le cas du mandat limité , *le mandataire
ne peut rien faire au-delà de ce qui est porté
dans son mandat (a)* ; ainsi le gouvernement
n'a jamais le droit de rien ordonner au-delà de
ce que les lois et la constitution lui permettent.
C'est ce qui fait que *nul ne peut être contraint
de faire ce que la loi n'ordonne pas (b)* ; c'est
pour la même raison que les magistrats, en
Egypte, faisaient serment de ne pas exécuter les
ordres du roi qui seraient contraires à la loi ;
c'est pour la même raison qu'il fut dit dans la
constitution de Brabant : « Si le souverain ,
« par violence ou par artifice , veut enfreindre
« les priviléges , les états seront déliés du ser-
« ment de fidélité , et pourront prendre le parti
« qu'ils jugeront convenable. »

XVIII. Une personne peut agir pour le bien
d'une autre sans avoir sa procuration , et ce
qu'elle fait est valable du moment où elle ob-
tient la ratification de celui dans l'intérêt duquel
elle a agi ; mais aussi cette ratification peut

(*a*) Art. 1989 du Code civil des Français.
(*b*) Déclaration des Droits de l'homme , de 1791.

être refusée par le maître de la chose, sur laquelle ses droits restent intacts, sur-tout quand ils ont été méconnus.

Un peuple est toujours prêt à ratifier ce que l'on fait pour son intérêt, quand même il n'a point donné de mandat pour le faire ; mais il ne devrait pas oublier que celui qui veut diriger ses affaires, sans être appelé par lui, est toujours peu digne de sa confiance, peu fait pour régner, et ne tend qu'à méconnaître et usurper ses droits et à sacrifier ses intérêts : c'est ce que prouve l'histoire de tous les rois qui ont voulu régner sur les peuples sans obtenir leur assentiment, ni mériter leur confiance.

Aussi les peuples sont toujours les maîtres de renvoyer quiconque se charge de leurs affaires sans mandat; de reprendre l'exercice de leurs droits, et d'annuler ce que les usurpateurs se sont ingérés de faire sans leur aveu.

XIX. On peut donner sa confiance à un autre avec plein et entier pouvoir d'agir et de faire une chose, soit verbalement, soit par écrit, et en vertu d'un acte authentique qui manifeste la volonté du constituant, et prescrit les obligations et les devoirs du procureur fondé. Le premier cas est celui dans lequel se trouvent les

peuples qui n'ont point de constitution; le second est celui des peuples qui en ont une.

Il n'y a acun danger de donner verbalement
tout pouvoir à un ami désintéressé, à un conseil sage et éclairé, pur et incapable d'en abuser;
mais où trouver cet ami, ce conseil parfait,
que l'ignorance, la faiblesse du constituant, les
circonstances, la fortune, l'ambition et l'im-
punité ne tenteront pas? Qu'un tel ami est une
chose rare! et si l'on s'est trompé sur son choix;
si la plus aveugle confiance engendre les plus
noires perfidies, quelle sera la garantie contre
le spoliateur artificieux, contre l'audacieux usurpateur qui se sera approprié la fortune de son
client? Quand une sage législation a voulu que
ce qui résulte de la procuration verbale (a) fût
soumis aux règles auxquelles elle a restreint les
obligations et les contrats (b), c'était pour nous
apprendre quels sont les dangers qui peuvent
résulter de ce genre de procuration, et combien il importe de la donner par écrit.

De même une nation peut s'abandonner à la
direction d'un gouvernant, prendre ses lumières
pour guide et sa volonté pour des lois; mais
qui la garantira de l'abus de la force qu'elle lui

(a) Art. 1985 du Code civil des Français.
(b) Art. 1341 et 1344 du même Code.

aura confiée pour la protection de chacun et pour la sûreté de tous? Qui la protégera contre les atteintes portées à ses droits? Ce ne sera pas la constitution non écrite, c'est-à-dire, une chimère inventée par la folie ou la stupidité des partisans du despotisme ; ce ne seront pas des usages d'une origine inconnue, tombés en désuétude et proscrits avec une dynastie qui n'était assise que sur des abus, des usurpations et des violations permanentes.

Ainsi le peuple qui n'a pas de constitution écrite et qu'il ait dictée lui-même, est un peuple esclave d'un despote qui se place au-dessus des lois ; d'un usurpateur qui voudrait pouvoir envahir comme propriété le globe terrestre et tous ses habitans. Telle est l'ambition des gouvernans de l'Europe, qui n'entendent pas se soumettre aux règles d'une constitution librement contractée entr'eux et le peuple. Il est certain qu'on ne peut pas regarder comme constitution d'un état, ni la bulle d'or en Allemagne, la paix publique et la paix de la religion; ni les institutions du servage et de la féodalité dans la Pologne et la Russie; ni les classifications des habitans de la Suède et du Danemark en noblesse, clergé, bourgeoisie et paysans : distinctions avilissantes, funestes, et perturbatrices éternelles du bonheur et du repos des nations; ni les

2

priviléges , immunités , usages et droits des
Provinces-Unies de la Hollande , subjuguées par
un lionceau déchaîné ; ni la grande *charte
de l'Angleterre* , arrachée par le désespoir d'un
peuple ignorant , des mains faibles et tyran-
niques de Jean-Sans-Terre , laquelle n'est entée
que sur des tronçons gotiques de la féodalité ,
implantée elle-même dans la Grande-Bretagne
par un despote conquérant , Guillaume-de-
Normandie.

XX. Il est donc certain qu'aucun peuple de
l'Europe ne jouit réellement d'une constitution. Les statuts introduits par le tems , l'u-
sage , la féodalité et le despotisme n'en ont
point le caractère. Il n'y a d'autre constitution que la procuration écrite , donnée par
les gouvernés aux gouvernans ; c'est le contrat solennel qui établit la reconnaissance des
droits et des propriétés des uns , et les devoirs et obligations des autres. Dès-lors , nul
peuple n'a réellement une vraie constitution,
que le peuple du nord de l'Amérique ; mais
aussi tous les peuples sentent la nécessité
d'en avoir une , et chacun finira par se la
donner.

On ne saurait contester que celui qui donne
sa procuration n'ait le droit d'en dicter les

clauses , et d'en limiter les conditions. Aussi, il n'y a point d'atteinte portée avec plus de violence aux droits d'une nation , et d'insulte plus humiliante pour elle , qu'une charte constitutionnelle imposée par l'orgueil et le despotime d'un roi qui prétend rentrer dans son héritage.

XXI. Il est naturel que le mandataire n'ait, suivant l'esprit de la loi (*a*) , que le droit d'accepter ou de refuser la procuration que le constituant lui donne. Ainsi, ce n'est pas au gouvernant à soumettre une constitution à l'acceptation des gouvernés ; mais bien à ceux-ci à la rédiger hors de l'influence de l'autre, et à lui en proposer l'acceptation , s'il veut être chargé des affaires de l'état. Pourquoi a-t-on vu faire l'inverse ? Quand cessera - t - on de prendre en politique précisément le contre-pied de ce qu'il est juste et raisonnable de faire? Revenons donc enfin aux règles de la raison ; et de bonne foi, mettons en pratique les principes de la souveraineté du peuple.

XXII. On ne saurait contester encore que le procureur fondé , ne soit révocable suivant la volonté du constituant. De même , et en

_____

(*a*) Art. 1985 du Code civil.

vertu de la loi naturelle , d'où dérive la souveraineté du peuple , il n'en existe pas un , et ne
peut en exister, qui n'ait le droit de révoquer
ses mandataires , de casser et annuler les pouvoirs qu'il donne à ses chefs , d'en élire et
constituer de nouveaux , si bon lui semble ;
à telle ou telle autre condition , avec tel ou
tel autre pouvoir.

Delà vient qu'*un peuple a toujours le droit
de revoir , de réformer et de changer sa
constitution. Une génération ne peut assujétir
à ses lois les générations futures* (a).

C'est en vain que les rois se soulèvent contre
ces principes , se disent maîtres et souverains
des états , dont ils n'ont que la régie; qu'ils
se déclarent propriétaires et légitimes possesseurs du territoire d'une nation et de ses habitans , pour n'en faire que des sujets et des
serfs; qu'ils se coalisent et qu'ils arment des
satellites pour sacrifier à leurs criminelles
prétentions , ceux dont ils sont obligés de
faire le bonheur: leurs efforts ne servent qu'à
indigner la raison des peuples. La vérité ,
qu'ils veulent étouffer, incompressible de son
essence , réjaillit contr'eux , éclaire tous les
esprits , démasque leurs attentats , ranime tous

(a) Déclaration des Droits, de la constitution de 1793.

les cœurs, rallie toutes les volontés, et l'accord des volontés des peuples arrête de toutes parts les ordres sanguinaires des despotes et des tyrans de la terre ; annule leurs décrets insensés et rend immobiles ces bronzes foudroyans que la rébellion des rois tournèrent contre les peuples, seuls vrais et légitimes souverains d'eux-mêmes. C'est ainsi que la négative, ce puissant et irrésistible *veto* des peuples, apprend aux rois qu'ils sont les sujets des nations, et c'est ainsi que la puissance des nations peut rappeller à l'ordre ces insensés, dès qu'ils osent méconnaître leurs devoirs les plus sacrés et violer les droits du peuple.

Ainsi, l'occupation du trône n'est qu'une fonction et non pas une propriété, et une fonction seulement administrative, dans la pleine et entière dépendance de la volonté du peuple.

Ainsi, l'hérédité à la succession du trône n'est pas un droit acquis par les possesseurs de la fonction, mais seulement une concession émanée de la générosité et de la libéralité du peuple, dans l'intérét de sa tranquillité et de son bonheur, et cette concession n'est jamais absolue et irrévocable. Elle ne peut être que conditionnelle par sa nature, et subordonnée à la clause fondamentale que la dynastie régnante fera le bonheur de la nation. C'est pour cela qu'une nation a le droit de changer et change de dynastie quand celle qui gouverne dégénère, tombe dans l'avilissement et le mépris ; enfin, quand elle viole les clauses de la procuration de laquelle ses pouvoirs émanent.

XXIII. Il est certain qu'à ne suivre rigoureusement que les principes de la procuration, qui cesse par la mort du constituant ou du constitué, la délégation des pouvoirs donnés par la nation au chef de l'état, ne serait point héréditairement valable en faveur de ses descendans ; car, l'hérédité d'une fonction n'est pas dans la nature, et c'est avec raison que les sages Américains ont établi, dans la déclaration des droits de l'homme, en tête de leur constitution, qu'*il est absurde qu'un homme puisse naître magistrat, juge, administrateur ou général d'armée.*

Cependant, lorsque la charge de gouverneur a été rendue héréditaire, par dérogation aux principes de droit naturel, les circonstances peuvent souvent exiger que cet ordre soit maintenu pour la tranquillité, la paix et le bonheur d'une nation ; car, c'est le bon-

heur social qui est la souveraine loi des peuples. Une nation ne doit consentir au sacrifice
des principes contraires au système de l'hérédité , qu'avec la garantie que ce système ,
d'institution féodale , ne tournera pas à son
préjudice, à peine de le proscrire, le cas ar-
rivant.

XXIV. Il est évident que lorsque le peuple
renonce à l'exercice du droit sacré de choisir
son premier chargé d'affaires , de n'investir de
sa confiance que celui en qui il reconnaît les
vertus , les talens et l'aptitude nécessaires à
l'administration sociale , il lui importe de préciser les clauses du mandat , de telle sorte que
cette renonciation ne lui devienne pas funeste.
C'est alors qu'il faut que la constitution limite
tellement les pouvoirs du chef héréditaire, que
ses descendans ne puissent point abuser de l'autorité, quel qu'en fût leur desir ; qu'ils aient
toute la latitude pour faire le bien , mais qu'ils
soient impuissans pour faire le mal ; enfin,
qu'il puisse être indifférent au bonheur public
que le monarque ait ou non, l'âge, la force,
les lumières , les vertus , les talens et le courage nécessaires pour régner. Si la nation ne
trouve pas dans la constitution une garantie
suffisante contre l'indiguité ou l'incapacité dans

les successeurs à venir du trône, la succession ne leur sera point garantie à eux-mêmes, comme les faits présens le prouvent, comme les évènemens le justifient, comme la raison et la justice éternelle l'exigent.

Il est donc de l'intérêt particulier du chef d'une nouvelle dynastie, autant que de celui d'un grand peuple, avec lequel il stipule sa procuration, que les pouvoirs qu'elle confère soient limités, sagement circonscrits et rendus stables par des institutions incorruptibles par leur essence et directement émanés du peuple. Sans cela, le pouvoir héréditaire, qui tend, par sa nature, au despotisme, en adoptera les maximes, en suivra les règles, sacrifiera la nation et se perdra lui-même.

XXV. Par le fait même que le procureur fondé, qui a accepté la procuration, est tenu de l'accomplir (6), il se rend comptable envers son commettant. De même les chefs du gouvernement sont soumis à la constitution, et deviennent comptables envers le peuple, de leur conduite, de leurs actions et de chaque partie de l'administration. C'est pourquoi la responsabilité ministérielle est un droit naturel de la nation, dont il est tems enfin qu'elle jouisse avec plénitude. Elle peut même faire peser cette responsabilité sur le chef de l'état , si elle le juge bon ; mais si elle croit utile de l'en affranchir , ce qui est contraire aux règles du mandat (7), et de le déclarer inviolable ; il faut qu'il soit dit qu'il ne l'est que comme ministre et organe de la loi , parce que l'inviolabilité n'appartient qu'à la loi ; à elle seule est due toute obéissance ; à elle seule il ne doit pas être permis de résister. Ainsi , l'inviolabilité du chef de l'état suppose qu'il ne parle et qu'il n'agit qu'au nom de la loi. Ce caractère sacré exclut tout acte arbitraire et toute injustice ; l'inviolabilité disparaît à l'approche de l'iniquité et du despotime. Ainsi tout magistat , même l'exécuteur de la haute-justice, est inviolable dans ses fonctions; mais il cesse de l'être, dès que ce n'est pas en vertu de la loi qu'il agit. L'obligation la plus sacrée pour le chef de l'état, est de se conformer à la volonté générale. Son inviolabilité et son salut personnel dépendent de l'observation de cette loi , parce que la toute-puissance d'une nation réside dans la volonté générale.

XXVI. Suivant les principes de la procuration, le mandataire ne peut la subroger qu'en raison du pouvoir spécial qu'il en a reçu. Pareillement le chef de l'état , ne peut confier la magistrature ou la régie d'une partie quelconque des affaires publiques, qu'autant que la constitution lui en donne l'autorité.

XXVII. Le plus grand abus qu'un mandataire puisse faire de sa procuration, est d'en faire inconsidérément des subrogations indiscrètes et banales à des hommes inhabiles et indignes de la confiance du commettant originaire. De même le chef de l'état abuse du pouvoir que la constitution lui donne de nommer aux fonctions publiques, lorsqu'il cède aux considérations personnelles ou à l'intrigue, pour donner des places à des hommes qui ne méritent pas l'estime de leurs concitoyens, et qui ne possèdent pas les talens que la place exige. Un tel abus rend la procuration révocable de plein droit. Combien de rois n'ont-ils pas nécessité le renversement de leur couronne et leur proscription, par le seul effet du mauvais choix de leurs ministres ! De quel droit, dans ce cas, se plaignent-ils d'une justice si méritée ?

XXVIII. Il est de droit naturel que le procureur fondé soit garant et responsable de ceux qu'il se substitue dans la gestion qui lui fut donnée. C'est sur sa personne que repose la confiance de son commettant. Son premier devoir est de tout faire pour la mériter. Il faudrait donc que le chef de l'état fût solidairement responsable de tous ceux qui agissent en vertu de ses ordres. Rien n'est plus juste et plus conforme aux principes. Ne veut-ils pas, d'ailleurs, être honoré de la bonne conduite de ses subordonnés. Il doit donc porter l'imputation du mal qu'ils ont fait et du bien qu'ils ont négligé de faire. C'est là ce qui rend si terrible et si redoutable le fardeau de la royauté, et c'est pourquoi c'est être insensé de le desirer, du moins avec un mandat illimité.

Mais si quelque considération fait regarder comme utile de décharger le chef de l'état de la responsabilité qu'il doit à la nation pour ses ministres et ses agens, ce qu'on ne peut concevoir qu'avec une science supérieure, au moins est-il essentiel de ne laisser à sa nomination que le petit nombre d'agens immédiats de sa surveillance et de l'exécution de ses ordres particuliers et qui lui sont directement responsables. C'est alors qu'il importe essentiellement au peuple de se réserver la nomination libre et immédiate de ses représentans et des dépositaires subordonnés de l'autorité publique, qui composent les principales institutions du système représentatif. Sans cela point de liberté, point de stabilité dans la constitution, point de repos ni de bonheur social.

J'ai fait voir comment les principes du mandat étaient naturellement et essentiellement les mêmes que ceux qui doivent servir de base à l'institution d'un gouvernement juste, stable et légitime, quelle que puisse être sa forme. Ce que j'ai dit du chef de l'état, considéré comme le premier procureur fondé de la nation, s'applique également à tout autre magistrat, à tout autre fonctionnaire public, chargé de représenter le peuple, soit pour manifester sa volonté dans la formation de la loi, soit pour agir d'après elle et pour son exécution.

XXIX. Il résulte donc de tout ce qui précède, que la constitution d'un état n'est que la procuration qui établit les droits du peuple comme souverain, et les devoirs du gouvernement comme son procureur fondé ; que c'est au peuple à la donner et à l'imposer au chef de l'état ; que le contraire serait d'une illégalité subversive de tous les principes ; enfin, qu'elle doit limiter et préciser les pouvoirs qu'elle confère.

Mon but était de démontrer que les rois de l'Europe, ainsi que tout gouvernant, ou magistrat quelconque, ne sont que des fondés dé procuration, et les chargés d'affaires des peuples, qui connaissent encore fort mal la nature de l'obligation en vertu de laquelle ils leur restent soumis. Je pense que ma démonstration est claire et suffisante.

~~~~~~

SECONDE PARTIE.

APPLICATION DES PRINCIPES DE LA PROCURATION A LA CONSTITUTION FRANÇAISE.

---

§. I. *Nécessité d'une déclaration des droits de l'homme et des principes qui doivent servir de base à une constitution régulière.*

XXX. Rien n'est plus essentiel que de se bien fixer sur les principes immuables suivant lesquels un peuple doit instituer son gouvernement, pour qu'il devienne le gardien fidèle de ses droits, l'appui, le soutien, le défenseur de ses propriétés, le guide éclairé qui doit le conduire le plus directement au bonheur social. Car, comme l'a très-bien établi l'assem-

blée nationale constituante, dans le préambule
de la constitution de 1791, *l'oubli ou le mé-*
pris de ces principes, qui sont le fondement
des droits de l'homme, sont les seules causes
des malheurs publics et de la corruption des
gouvernemens. Aussi, cette mémorable assemblée ne pouvait mieux faire que d'exposer en
tête de cette constitution la déclaration solen-
nelle de ces droits naturels, inaliénables et
sacrés, de même, et beaucoup mieux que ne
l'avaient fait les Etats-Unis de l'Amérique. La
convention imita plus parfaitement cet exemple
dans les constitutions de 1793 et de l'an 3. Ne pas
établir en tête d'une constitution les droits de
l'homme, qui renferment les bases fondamentales de cette constitution, c'est vouloir établir un édifice sans fondement, un contrat sans
considérations et sans motif, une procuration
vague, dont les clauses ne se rattachent point
à la loi naturelle, la seule qui en fasse la sanc-
tion et la garantie.

Ainsi toute constitution, pour être bien faite,
doit être précédée de la publication des principes qui doivent en faire le fondement et la
base. C'est la pierre angulaire de l'édifice dont
j'ai fait l'ébauche l'année dernière dans un travail (8) que je rappelle au souvenir de mes concitoyens qui doivent concourir à la rédaction

de l'acte constitutionnel , ou exprimer leur vœu
pour son adoption.

XXXI. Les constitutions de 1791 , 1793 et
de l'an 3, sont d'excellens modèles et le produit des lumières de toute la France, de l'Europe savante et de la philosophie du dernier
siècle. Elles renferment tous les droits et la
plupart des garanties que réclament la liberté,
l'égalité et la propriété, conformément à la situation de la France, aux mœurs, au caractère
et aux besoins de ses habitans. En élaguer ce
qu'il y a de vicieux, réunir ce qu'elles offrent
de bon dans un ensemble propice, et y ajouter
les perfections dont le tems et l'expérience nous
ont montré la nécessité, n'est qu'un ouvrage
facile, et qui ne sera mal fait que dans le
cas où on ne voudra pas le bien faire. Le peuple
même sera assez instruit pour juger sainement
si cet ouvrage se trouve digne de lui. Je ne
m'arrêterai pas à dire suivant quel plan j'en
avais déja disposé l'exécution, mais je crois
à propos de publier d'avance quelles sont les
réformes, les améliorations principales et les
institutions que nous devons attendre de la nouvelle constitution.

§. II. *De la division de la France et du rétablis-*
sement des administrations, des districts et
des départemens.

XXXII. La division territoriale de la France
en départemens est un des monumens de la
sagesse de l'assemblée constituante les plus res-
pectables, et qu'il ne pouvait appartenir qu'à des
insensés de vouloir renverser, pour rétablir
les anciennes provinces et leurs absurdes priviléges.

La constitution de 1791 sous-divisait les départemens en districts, les districts en cantons,
et les cantons en communes. Les constitutions
subséquentes modifièrent cette sous-distribution
et ne firent pas mieux : néanmoins, elle se
trouva maintenue de fait, puisque les districts
sont des sous-préfectures, les cantons des jus-
tices de paix, de laquelle les communes ressor-
tent, et ont des assemblées cantonales. Le rétablissement de cette sous-distribution est nécessaire, comme on le verra bientôt, pour fonder
un bon systême électoral et pour l'organisation
de la garde nationale.

XXXIII. Nos assemblées nationales avaient
reconnu l'utilité de laisser aux administrés le

droit de nommer leurs administrateurs. Ce
droit fut très-avantageusement exercé par les
habitans de chaque commune, pour le choix
de leurs officiers municipaux, et par les électeurs, pour les nominations des administrateurs des districts, et des départemens : il n'en
pouvait résulter que le bien des administrés, suivant les raisons si clairement déduites dans le
Contrat social (9). Aucun motif ne pouvait
permettre de ravir ce droit au peuple et de
le dépouiller de cette attribution sacrée de sa
souveraineté ; il était au contraire infiniment
essentiel qu'il fît le choix de ceux qu'il recon-
naissait dignes de sa confiance, et leur délé-
guât immédiatement l'autorité administrative.
La constitution de l'an 8, la plus incomplète, la
plus mal entendue, la plus vicieuse de toutes,
déféra au premier consul la nomination *des
membres des administrations locales* (a), sans
statuer sur la composition des administrations,
ni sur le nombre des administrateurs, de sorte
qu'on ne voit pas aujourd'hui à quelle disposition légale peut se rattacher la création des
préfets et des sous-préfets des départemens,
dont aucun article de cette constitution ne
parle, et qui ne fut point ordonnée par les

(a) Art. 41 de cette constitution.

sénatus-consultes organiques, dont le premier
est du 16 thermidor an 10.

Non-seulement la création des préfets et des
sous-préfets n'a aucun caractère légal, et se
trouve contraire aux droits des administrés ;
mais encore elle est devenue presque partout
infiniment préjudiciable au public. Un très-
grand nombre de préfets ont gouverné les
départemens avec une morgue intolérable dans
un mandataire qui doit se vouer aux intérêts
de ses comettans, et pour qui c'est un devoir
de les honorer et de les considérer. Ils ont
par là mérité le mépris, excité le mécontén-
tement, et sont devenus la première cause du
défaut de soumission aux ordres de l'autorité
supérieure. Plusieurs ont sacrifié les intérêts
de l'Etat et du département à leurs plaisirs,
à leurs passions, à leur cupidité. Il en est très-
peu qui aient géré aussi sagement que le faisaient
les administrateurs choisis par le peuple. L'institution préfectorale est naturellement des-
potique et si contraire à la liberté, qu'il ne
peut être permis de la conserver en aucune
façon. Née du système militaire, elle ramène
à celui de la féodalité. Elle est incompatible
avec les principes de la liberté civile et politique, dont il est tems que les Français jouissent
enfin.

Il est reconnu que plusieurs départemens ne s'étaient réjouis du retour des Bourbons que dans l'espoir de se voir délivrés des droits réunis et des préfets, regardés comme également nuisibles, également funestes à la prospérité publique.

Des administrateurs temporaires, choisis par les administrés, et parmi eux, connaissent mieux leurs besoins, leurs goûts et leurs ressources; ils sont naturellement plus portés à leur rendre une meilleure justice; ils ne sont point, comme un homme envoyé du dehors, étrangers aux sentimens paternels si nécessaires dans leurs fonctions: il est presque sans exemple qu'ils se soient portés à commettre de honteuses concussions.

Il faut donc supprimer les préfets, qui n'apportent aucune garantie dans les départemens, et qui les administrent en pro-consuls; il faut rétablir les administrations locales d'après les principes de la constitution de 1791, sauf à réduire le nombre des administrateurs. Le pouvoir exécutif pourra, comme alors, avoir un procureur-syndic près de ces administrations, avec les attributions que leur donna l'assemblée nationale.

§. III. — *De la restitution au peuple de l'exercice des droits qui constituent sa souveraineté.*

XXXIV. La reconnaissance de la souveraineté du peuple ne serait qu'une dérision scandaleuse, s'il n'avait le libre exercice de ses droits. Napoléon a trop de lumières et de sagesse pour ne pas voir que sa gloire personnelle, l'indépendance et la gloire de la nation exigent qu'elle soit franchement réintégrée dans la pleine jouissance de ses droits.

Le premier et le plus sacré de tous, est la liberté de la communication de la pensée. Il fut solennellement reconnu et garanti par les assemblées nationales (10) ; ainsi plus de censure, plus de restriction à l'indépendance des journaux, plus d'entraves à la profession d'imprimeur ; la liberté des réunions politiques sagement organisées (11), ou la liberté sociale n'existera point.

Le second est incontestablement le libre choix de ses mandataires. Sans m'attacher au troisième, qui est la faculté de leur faire rendre des comptes, et sans examiner la série des autres droits, je vais présenter des moyens d'écarter les abus

de l'exercice du second, et d'en retirer plus
sûrement les avantages qui s'y rattachent.

§. IV. — *Nécessité de créer un nouveau sys-*
téme électoral.

XXXV. Le gouvernement représentatif ne
peut avoir lieu sans un bon système électoral.
Celui que l'assemblée nationale donna à la
France, eût été bon pour un peuple de
philosophes, inaccessibles aux intrigues. Il
est, chez un peuple corrompu, d'une simplicité funeste à la liberté publique et à la
prospérité nationale. Il est imité de l'Angleterre; cette fatale imitation ouvrit la porte
à tous les désastres de la révolution. On ne
disconviendra pas que c'est le mauvais choix
des députés, des directeurs et des administrateurs, qui a compromis le sort de la liberté à
chaque époque de la révolution. La France n'a
jamais manqué d'hommes éclairés, sages, ver-
tueux et pleinement dignes de la confiance du
peuple pour toutes les fonctions publiques ;
mais ces hommes, que leurs vertus mêmes main-
tenaient dans la retraite et le silence, étaient
soigneusement écartés par les factieux, qui
cherchaient à puiser dans chaque nouvelle
élection, de nouveaux aides à leurs complots.
Il est certain que la brigue des suffrages a pu

trop facilement élever aux fonctions des hommes qui en étaient également indignes par leur incapacité et par leur immoralité. Faut-il pour cela ravir au peuple le droit de choisir ses mandataires ? Ce serait assassiner un malade, quoiqu'on connût le remède qui pourrait assurer sa guérison. Le vice du système des élections provient de sa trop grande simplicité, de la facilité avec laquelle les intrigans peuvent cumuler les suffrages qu'ils ne méritent pas. Il est possible d'admettre plusieurs moyens de prévenir un abus si dangereux, soit par des élections préparatoires, soit par l'introduction du sort.

Le but est de rendre les élections absolument indépendantes, afin que chaque citoyen *vote d'après soi*. Il faut qu'on ne puisse pas influer sur les suffrages : nul ne sera tenté de briguer quand on aura reconnu l'inutilité de la brigue.

§. V. Premier Moyen.

Recueillement des votes sans assemblée.

XXXVI. Personne n'ignore que les assemblées primaires et électorales furent presque partout des foyers ardens de cabales, d'intrigues, de motions, de discussions suscitées par lès factieux , les beaux diseurs et les orateurs à larges poumons , pour fixer sur eux l'attention des votans , en imposer à la masse , lasser les indifférens et fatiguer les hommes tranquilles. Les troubles et les discussions furent souvent le fruit de telles manœuvres ; delà les mauvais choix. L'inconvénient est facile à écarter. Il n'y avait point de nécessité rigoureuse, que les votans fussent assemblés pour choisir un président et des scrutateurs, lorsque ce travail devait faire perdre un tems précieux, réfroidir le zèle des électeurs et réchauffer les intrigues , tandis que la loi pouvait prescrire une autre manière de procéder au recueillement et au recensement des suffrages , en favorisant beaucoup mieux la liberté des votans. La constitution peut prescrire que des officiers publics, municipaux, administrateurs ou juges, non éligibles à cause de l'exercice actuel de leurs fonctions, à celle où il s'agirait d'élire , composeront le bureau de recueillement des votes ; de sorte que le jour assigné pour les élections, les citoyens n'auront qu'à déposer leurs suffrages dans les scrutins ouverts pour les recevoir. Elle doit prescrire, en même tems , qu'il sera libre à tout votant de venir dicter son suffrage à l'un des scrutateurs, de l'apporter écrit, ou même de l'envoyer sous un pli qui constatera quel est le votant qui use de cette faculté, et qui en préviendra les abus. Par cet effet, nul ne pourra se dispenser de concourir aux élections ; il n'y aura point d'excuse pour qui que ce soit ; l'éloignement, l'indisposition, des affaires urgentes n'empêcheront point d'envoyer un suffrage qu'on ne pourrait apporter soi-même. On pourra donc, sans injustice, infliger une amende à ceux qui, étant appelés à voter, auraient négligé de le faire.

La facilité d'envoyer ou d'apporter et de recevoir les bulletins, permettra d'en faire le recueillement et le recensement en un seul jour. Un des scrutateurs noterait successivement en marge de l'état des votans, ceux qui auraient donné leur bulletin ; ainsi nul ne pourrait voter deux fois, on connaîtrait ceux qui n'auraient pas voté. Cette opération se ferait dans une salle disposée de manière à y admettre séparément le public, en présence duquel le dépouillement et le recensement aurait lieu dans la journée même ; il en serait en même tems dressé procès-verbal, dont il faudrait que la lecture fût faite à haute voix, ainsi que la publication du résultat du recensement des suffrages, et avant de lever la séance. Ainsi, les votans et le public seraient garans de la fidélité des opérations, et de l'inviolabilité des scrutins. Il n'y aurait plus à craindre de voir renouveler les attentats de l'ouverture des scrutins , durant une nuit , pour en changer les bulletins , et par là détruire une bonne élection , à l'effet d'élever des factieux ou des créatures.

Ces dispoitions générales doivent servir de base au règlement des élections de quelque ordre qu'elles soient. Elles rendent bien plus faciles celles des chefs-lieux de départemens , puisque les votans pourront se dispenser de s'y rendre , et se contenter d'y envoyer leur bulletin par un messager , ou par la poste. Ainsi l'intrigant , qui voudrait mendier des suffrages , ne sera pas certain de pouvoir le faire , de voir les votans et de s'en faire remarquer. Ainsi la plus grande ressource de l'intrigue sera radicalement détruite.

§. VI. Second Moyen.

Introduction du sort.

XXXVII. Le meilleur moyen de rendre toute intrigue inutile est de faire concourir le sort avec les élections. Cette vérité n'a pas besoin d'être démontrée : il suffit de voir comment elle peut être mise en pratique.

Les anciens , spécialement les Carthaginois ,

employèrent le sort pour conférer les charges
publiques. Ils le firent vicieusement et suivant
un faux systême de démocratie, et d'une égalité
de mérite qui n'existe pas entre tous les citoyens.
Chaque fonction différente exige des connaissances et des qualités différentes qu'on ne trouve
qu'en un petit nombre. Mais si l'on fait dans ce
petit nombre un choix libre et impartial de
ceux qui sont plus propres à telle ou telle fonction, et les plus dignes de la confiance publique, il sera facile d'arriver à un résultat qui
offrira quelques compétiteurs, parmi lesquels il
régnera, à quelques égards, une certaine égalité
de mérite, en telle sorte qu'en jettant le sort
entre eux, on sera certain qu'il ne tombera jamais sur un homme au-dessous de la place
qu'il aura à remplir. Par cet effet, on réunira
le double avantage d'un choix éclairé, et d'une
élection absolument impartiale et à l'abri de
toute influence de l'intrigue.

Il ne paraît pas que les anciens aient eu la
pensée d'une pareille combinaison, et que les
modernes aient saisi l'importance de cette idée,
et la nécessité de la mettre sagement et metho-
diquement en pratique. Cependant les Vénitiens
ont fait concourir le sort avec les élections pour
la nomination du Doge. Ils l'ont fait avec une
complication assez mal entendue, mais avec un

tel avantage, que la brigue ne pouvait, que très-
faiblement influer sur l'élection du chef de la
république aristocratique et nobiliaire de Venise.

Voyez l'exemple de la Pologne, disent ceux
qui ne veulent pas que le chef d'un état soit
éligible ! Ils ne pensent pas que cette objection
ne peut s'adresser qu'à des ignorans. Le roi de
Pologne n'était point choisi par les délégués de
la nation, mais par l'ordre entier de la noblesse,
rassemblée en Champ-de-Mars. Jamais il n'y eut
ni patriotisme, ni liberté dans ces assemblées ;
les élections furent toujours le fruit de la politique, de l'intrigue et des moyens de corruption
employés par les puissances voisines.

Voyez l'exemple de Venise, peut-on leur ré-
poudre ! Il prouve, tout imparfait qu'il était,
combien il serait facile qu'un grand peuple
arrivât au point d'avoir un bon système électoral et que l'élection du chef de l'état se fît avec
autant de tranquillité que celle d'un juge de
paix.

On peut employer le sort, tantôt entre les
électeurs, tantôt entre les éligibles, ou les compétiteurs, et le faire avec tant de facilité et
d'avantage, qu'il en résulte la plus grande
perfection du système représentatif ; la plus
grande certitude que les places ne soient dé-

sormais données qu'au mérite. Tel fut le but
que l'on se proposa dès l'origine de la révolution; mais on ne l'atteignit, pour ainsi dire,
que par hasard : tant était défectueux le sys--
tême électoral de 1791.

XXXIII. La *Charte* (12) de l'an 8 renversa
ce système, pour en instituer un autre beaucoup plus vicieux et subtilement destructeur
de la souveraineté du peuple; car il prépara
toutes les voies à l'extension de l'arbitraire monarchique, au lieu d'opposer toutes les restrictions à la tendance du pouvoir exécutif vers
l'usurpation des droits du peuple.

Cette charte instituait vaguement que les
citoyens formeraient des listes des éligibles entre
eux, dans la proportion du dixième des votans.
Ce germe pouvait devenir bon, s'il n'eût été
corrompu depuis sa première enveloppe jusqu'à son dernier développement. Dans aucun
cas, les présidens des assemblées des citoyens
réunis pour exercer leur droit d'élire, ne doivent
être nommés par le chef du pouvoir éxécutif,
parce qu'il en peut résulter les abus les plus
contraires à la liberté et à l'indépendance des
suffrages. L'expérience l'a suffisamment prouvé.
Prescrire aux votans de ne choisir des éligibles
que sur des listes présentées par les agens du

pouvoir exécutif, est un véritable attentat à la liberté des élections. C'est rendre illusoire le droit de les exercer, droit sacré et inviolable de son essence ; c'est prescrire à son client de ne choisir de procureur fondé que celui que l'on veut lui donner, ce qui est une violation. Ne composer les listes des éligibles que des plus imposés, c'est éloigner des places le mérite, le talent et la vertu pour en faire la proie d'une aristocratie orgueilleuse, ignorante et servile, qui, loin de se vouer au service de la patrie, comme les plébéiens, qui n'ont de richesses que leurs vertus ; loin de rien faire pour le bien public et l'intérêt de l'Etat, ne songe qu'à son intérêt privé, ne s'occupe que de conserver et d'augmenter sa richesse, n'est bonne qu'à causer la ruine de la patrie qui n'existe pas pour elle, à la perdre et à la trahir, comme l'expérience vient de le prouver.

Pour obtenir des électeurs des suffrages dictés par leur conscience, et non par la brigue et la corruption, il faut que chacun d'eux ne reçoive la mission de choisir qu'à la veille de faire les choix, et qu'il soit incertain d'être par la suite chargé de cette importante fonction. Le sénatus-consulte du 16 thermidor an 10 a fait tout le contraire ; il a déclaré que les membres des colèges électoraux le seraient à vie, afin de donner à la brigue et au pouvoir exécutif toute la facilité de les séduire, de les corrompre. Il faut donc proscrire ce système trop favorable au despotisme.

Il semblait qu'on ne pût trouver assez d'occasions de mettre dans les mains du pouvoir exécutif les moyens d'influer sur les nominations laissées, en apparence, au choix du peuple. Le même sénatus-consulte lui donnait la faculté d'ajouter, dans les collèges électoraux, des membres de son choix, et par là de détruire totalement le système représentatif. Le résultat même des choix des collèges, ainsi dirigés et influencés par le pouvoir exécutif, n'était encore que de soumettre le choix ultérieur à la volonté de ce pouvoir, ou à celle d'un complaisant et servile sénat nommé par lui. Un tel système ne peut véritablement convenir qu'à un peuple d'esclaves. Il faut sévèrement rejetter tout ce qui tiendrait à un pareil ordre de choses.

§. VII. Troisième Moyen.

Des listes préparatoires.

XXXIX. Les listes préparatoires ne doivent pas être les listes de présentation que faisaient les collèges électoraux, mais bien un choix libre des citoyens d'un arrondissement ou d'un département, éligibles à de certaines fonctions, et réunissant, d'une manière la plus égale possible, le mérite nécessaire pour les remplir. Les combinaisons du choix des listes préparatoires et du sort doivent être établies ascensionnellement suivant la gradation des places élevées. Ces combinaisons ne sont pas aussi necessaires pour les places inférieures. Ainsi, les habitans des communes pourront immédiatement élire leurs officiers municipaux, et le faire suivant une méthode simple, parce qu'ils se connaissent parfaitement entr'eux; qu'ils sont plus à portée d'écarter les intrigans, et de se fixer sur les citoyens dignes de leur confiance. D'ailleurs, les suites d'un choix imparfait ne seront pas dangereuses, en restreignant les charges municipales à une courte durée.

XL. C'est une nécessité imposée par l'essence du système représentatif, de renouveller fré-

quemment les fonctionnaires publics. L'expérience de l'Amérique en prouve les avantages
d'une manière plus sûre que les plus fortes
raisons qui firent adopter ce sage parti par
l'assemblée constituante. Il serait bon de prendre
pour règle générale de ne laisser en place que
trois ans, au plus, les membres des administrations locales, ainsi que les représentans du
peuple, et d'en renouveller un tiers chaque
année. Par cet effet, les citoyens seraient chaque
année appelés à s'occuper du renouvellement de
leurs magistrats ; ils devraient l'être à l'époque
où la nature se régénère et renouvelle l'immense collection des êtres qui la vivifient et
l'embellissent. Il importe que les citoyens soient
pour le moins aussi fréquemment obligés de
s'occuper de l'exercice de leurs droits, d'abord
pour apprendre à les mieux connaître, et à
les chérir davantage ; ensuite pour s'exercer à
se mieux connaître, à se mieux apprécier, et
à s'estimer réciproquement les uns les autres ;
enfin pour exciter davantage cette noble émulation qui résulte de l'espérance de parvenir
plus tôt aux places, en méritant l'estime de ses
concitoyens.

Dès que les protections, l'intrigue et les
richesses seront inutiles pour s'élever aux places
et aux dignités ; dès qu'on ne pourra les obtenir

qu'avec des talens et des vertus , l'émulation
du bien public , l'esprit d'équité , d'ordre et
de sagesse remplaceront celui d'adulation et
de servitude , et feront disparaître les vices
honteux qui corrompent , dégradent , avilissent
les hommes , et entraînent la ruine et le boule-
versement de l'état. C'est la perfection des lois
qui doit, chez un peuple corrompu , ramener
la perfection des mœurs avec le bonheur social.

§. VIII. *Aperçu de l'application d'un nouveau*
système électoral.

XLI. Les citoyens actifs des communes étant
appelés , dans le mois de mars , à nommer
un de leurs officiers municipaux, dont le plus
petit nombre serait de trois, comme le maire
et deux adjoints, feraient aussi, à la pluralité
des suffrages , une liste du dixième d'entre eux.
Ce serait la première liste préparatoire, que
l'on nommerait celle des *notables des com-*
munes, dans laquelle il faudrait avoir été porté,
pour être éligible à une fonction quelconque.
Le bureau du scrutin de cette élection pourrait se tenir par l'officier municipal élu l'année
précédente, et par deux notables pris au sort.
Les listes des notables des communes d'un
même canton seraient réunies en un seul

tableau, et formeraient l'état général des notables
de ce sous-arrondissement. La municipalité du
canton et la justice de paix réunies feraient
mettre dans une urne, en présence du public,
les noms de tous les notables des communes,
et en feraient retirer la moitié par la main
d'un enfant. Ceux qui seraient ainsi désignés
par le sort, seraient immédiatement appellés
au chef-lieu du canton, pour y former une
seconde liste préparatoire, par leur libre choix,
et dans la proportion du cinquième du nombre
total des notables du canton. Ceux qui auraient
réuni la majorité des suffrages formeraient cette
deuxième liste, et seraient nommés les *pru-
d'hommes du canton*. Ils nommeraient trois
candidats pour la place vacante du juge de
paix ou d'un des assesseurs. Le sort désignerait celui des trois qui aurait à remplir la
fonction.

Le bureau des élections du canton se tiendrait par le juge de paix ou l'assesseur, par
le municipal du chef-lieu, élu l'année précédente, et par trois notables pris au sort.

Le procès-verbal des électeurs du canton
serait adressé à l'administration du district, qui
s'assurerait de la régularité des opérations; s'il
avait été procédé irrégulièrement dans quelque
canton, elle annulerait les élections, et pour

y suppléer, mettrait les noms des notables de chaque municipalité de ce canton dans une urne, et en ferait retirer le cinquième par la main d'un enfant, en présence du public et de la municipalité du chef-lieu.

Le tableau général des prud'hommes de chaque canton serait imprimé et expédié à chaque municipalité pour y être affiché avant la fin d'avril. Dans le commencement du mois de mai, le maire du chef-lieu, le président et le procureur impérial se réuniraient à l'administration du district. Les noms des prud'hommes de chaque canton ayant été mis dans une urne, en présence du public, il en serait retiré la moitié. Ceux que le sort désignerait ainsi seraient prévenus, par une circulaire, du jour où ils auraient à donner ou envoyer leurs suffrages au district, et ils recevraient les bulletins en blanc des élections à faire, de manière qu'il ne fallût que les remplir des noms des candidats qu'il plaîrait à chaque prud'homme de désigner. Chacun renverrait ou rapporterait les bulletins les jours indiqués.

Les scrutins des élections du district seraient expressément tenus par les cinq premiers prud'hommes sortis de l'urne, qui seraient individuellement prévenus de se rendre au chef-lieu, par le juge du tribunal de première instance et par l'administration du district, les derniers entrés en fonctions.

Chacun des prud'hommes composerait une liste d'un cinquième de la liste générale de ceux du district pour former celle des *délégués*, ou électeurs du département ; ensuite ferait les bulletins des autres élections, pour chacune desquelles il y aurait un scrutin. Le premier bulletin comprendrait la liste de trois candidats pour la place à remplir dans l'administration du district, dont un serait désigné par le sort. Le deuxième ne comprendrait qu'un candidat pour chaque place à remplir dans le tribunal de l'arrondissement (13). Le troisième porterait six candidats pour la liste préparatoire des nominations à l'administration départementale, et le cinquième, autant pour le corps législatif.

Le recensement en ayant été fait et publié, le procès-verbal en serait adressé à l'administration du département ; celle du district publierait le résultat des élections pour les administrations locales ; celle du département composerait le tableau général des délégués, et le ferait publier. Les noms des candidats portés sur les listes préparatoires de chaque district, avec le nombre des suffrages que chacun aurait réuni, seraient également publiés et livrés à la censure publique.

Il serait procédé, au département, dans le commencement de juin, ainsi qu'il a été dit pour le district, au tirage du sort de la moitié des délégués, district par district, pour appeler ceux que le sort désignerait à faire les listes de compétiteurs aux fonctions départementales et nationales.

Les délégués recevraient également une circulaire de convocation avec les bulletins à remplir et la copie des listes préparatoires, ainsi que le tableau de tous les délégués du département.

Chaque délégué porterait sur un premier bulletin trois compétiteurs pour chaque place à remplir au grand conseil des élections, en les prenant sur les listes préparatoires. On ne pourrait porter sur cette liste que des citoyens dans l'âge de 50 à 65 ans. Il porterait également trois autres compétiteurs sur une seconde liste pour chaque place à remplir au corps législatif, et autant sur une troisième pour la place à l'administration du département.

Le procès-verbal de ces élections serait adressé au grand conseil électoral, pour y déterminer par le sort ceux qui seraient appelés à remplir les fonctions départementales ou nationales.

Je me borne à présenter ici l'idée sommaire des ramifications de ce nouveau système électoral, sans parcourir les détails suivant lesquels il peut être mis très-régulièrement en pratique. Pour embrasser tous ces détails, il faudrait rédiger en articles la méthode suivant laquelle chaque opération devrait se faire. Je n'ai voulu que donner la preuve de l'efficacité des moyens d'écarter des élections toute influence étrangère, et rendre impuissans tous les efforts de l'intrigue.

Je ne parle pas des instructions que l'on devrait donner aux électeurs de chaque gradation, pour leur rappeler quelles seraient les conditions que devraient réunir les candidats pour chaque place à remplir, et pour faire connaître combien chacune exige respectivement de connaissances, de talens, et sur-tout de mœurs (14).

On voit maintenant que pour être admis à l'administration du district, il faudrait ressortir de trois scrutins et de trois tirages du sort, et que, pour arriver aux fonctions départementales ou nationales, il faudrait ressortir de quatre scrutins et de quatre tirages du sort. Il est donc certain qu'il serait inutile de solliciter

des suffrages, quand même on ne se trouverait
pas dans l'incertitude de savoir quels seraient
les notables, les prud'hommes ou les délégués
appelés à voter, et qu'on les pourrait trouver
réunis. Il est donc évident qu'en procédant
ainsi, jamais on n'aurait de mauvais choix.
Dès-lors, la chose publique ne serait plus sa-
crifiée par de perfides mandataires.

Il me reste à faire voir ce que doit être le
grand conseil électoral, et comment il convient de former le corps législasif, et de procéder à la formation de la loi.

§. IX. DU GRAND CONSEIL ÉLECTORAL.

XLII. Le grand conseil électoral se composerait d'un tiers pris au sort parmi les compétiteurs élus à la majorité des suffrages, à cet
effet, par les délégués des départemens. Ils
porteraient le nom de *grands électeurs*, et seraient dans la proportion de deux par chaque
cent mille habitans d'un département. Ils ne
seraient qu'un an en fonction, et pourraient
être réélus deux autres années de suite. Le tiers
seulement, pris au sort, serait en permanence
à Paris, pour l'exécution des travaux de ce
conseil. Les deux tiers resteraient, chacun dans

son département, pour y exercer une surveillance effective sur les administrations et les tribunaux, inspecter les hospices, les prisons, l'éducation publique ; maintenir une correspondance habituelle avec les comités du conseil, et envoyer leurs suffrages, dans les cas réquis par la constitution. Mais la permanence de chaque électeur à Paris ne serait que de six mois, et leur renouvellement dans la capitale se ferait par moitié chaque trois mois.

Le grand conseil électoral choisirait son président tous les trois mois, et deux vice-présidens ; l'un pour présider le comité des élections, et l'autre celui de surveillance et de censure administrative. Le premier serait chargé du tirage du sort entre les membres du conseil, les compétiteurs et les candidats, aux places nationales ou départementales ; l'autre aurait la direction de la surveillance sur tous les fonctionnaires publics, et ce serait la seule police générale de l'Empire ; elle ne s'exercerait point sur les particuliers, mais seulement sur les fonctionnaires. On jugera facilement qu'il ne faut point d'autre police générale.

A bien considérer les choses, il ne peut exister que deux genres de polices : la *police civile* et la *police politique*. La première doit avoir pour objet de prévenir les contraventions, les délits et les crimes que les particuliers commettent par infraction aux lois : elle doit s'exercer seulement par les administrations locales et les tribunaux. La deuxième doit prévenir et arrêter les crimes contre la tranquillité publique et la sûreté de l'état : comme il n'en peut être commis que par défaut de surveillance, d'activité, ou de fidélité des administrations locales, ou par les complots tramés entre les fonctionnaires publics, elle ne doit s'exercer que sur eux. C'est à la police civile à garantir la liberté individuelle, et à la police publique à garantir la liberté sociale; ce qui est de toute évidence. Par cet effet, cette haute police ne serait ni une tyrannie ni une inquisition exercée sur les citoyens, mais une protection salutaire contre les atteintes portées aux lois, au gouvernement et à la constitution. Il est certain que les lieutenans-généraux de police ne seront jamais à portée d'exercer sur les autorités une surveillance ni si exacte ni si étendue, et ils inspireront la crainte de l'abus trop facile des pouvoirs redoutables qu'il pourra plaire à un ministre de leur donner, pour servir les caprices de la tyrannie; tandis que les grands électeurs ne seraient que des surveillans paternels, dont l'autorité ne pourrait jamais blesser la liberté.

Le grand conseil électoral serait donc le vrai

gardien de la liberté, de la constitution et des
lois, et le plus grand empêchement aux révolutions, dont tant de fois la France fut victime
depuis la constitution de 1791.

Ce grand conseil aurait le jugement et l'exécution de tout ce qui concernerait les élections
de toutes les classes, et, suivant les principes
du même système, les nominations aux cours
impériales, d'appel, des comptes et de cassation, et à toutes les fonctions nationales que la
prudence indique qu'il n'est pas à-propos de
laisser à l'arbitraire du pouvoir exécutif.

Il recevrait les accusations portées contre les
fonctionnaires publics, les suspendrait provisoirement de leurs fonctions pour les envoyer
en jugement, et n'en jugerait aucun.

Enfin, ce serait le grand conseil qui aurait
le droit accordé par la nation de transférer
aux magistrats et aux administrateurs le pouvoir
de gérer et administrer les affaires publiques, et
qui en expédierait les brevets; c'est-à-dire, de
subroger et révoquer la procuration. C'est de
lui que doivent ultérieurement émaner les grâces
et les dignités, afin que la patrie seule ait des
courtisans.

Dans les fêtes et les cérémonies publiques,
les grands électeurs seraient honorés comme
les pères de la patrie et les premiers digni-

taires de l'état. Tels doivent être les seuls princes
d'une nation libre, à qui il ne faut pour costume qu'une écharpe et un panache tricolore,
et pour décoration une médaille d'acier bronzé
représentant un œil entouré de rayons, dans un
triangle, avec la légende *Custos legum.*

Le sceau du grand conseil doit être une ruche
garnie d'abeilles au pied d'un antique olivier.

§. X. *Nécessité d'un troisième pouvoir.*

XLIII. De tous les tems, les magistrats ont
abusé de leurs pouvoirs et se sont abandon-
nés à leur tendance naturelle au despotisme.
De tous les tems, les peuples ont éprouvé la
malheureuse nécessité de résister à l'ambition
des magistrats. Delà cette lutte interminable
entre les gouvernans ambitieux et les peuples
dupés; delà les troubles et les révolutions
qui ont tant de fois bouleversé les empires,
renversé les gouvernans et changé les formes
de l'administration sociale. Le gouvernement
démocratique a eu, de tous les tems, son despotisme intolérable, ainsi que le gouvernement
aristocratique ou monarchique, toujours pour
la même cause : la tendance individuelle du
magistrat vers le despotisme, la facilité de l'abus
du pouvoir, et l'absence d'une autorité spé-

cialement chargée de réprimer cet abus. Trouver une telle autorité est, sans contredit, ré-
soudre le plus grand, le plus important pro-
blême en politique. Les anciens en cherchèrent
la solution en imaginant des institutions et
des magistratures de diverses sortes, dont l'objet devait être de mettre un frein au despotisme
des gouvernans. S'ils eussent réussi dans leurs
recherches, ils auraient institué une forme de
gouvernement assez parfaite pour qu'elle eût
survécu aux révolutions du monde entier. Ils
ne surent qu'élever un despotisme contre un
autre. Ainsi les éphores, institués à Sparte pour
protéger le peuple contre la tyrannie des rois,
abusèrent d'un pouvoir plus absolu que celui
des rois eux-mêmes, et se portèrent à tous les
excès de la tyrannie.

Les tribuns, à Rome (15), cherchèrent également à abuser de leur prépondérance, et ne
parvinrent pas à corriger le sénat de sa corruption ni de sa faiblesse, ni à prévenir l'usurpation de l'autorité suprême de la part des
consuls. Si la république romaine fut le modèle
de la grandeur d'un peuple belliqueux et tout
à-la-fois libre, esclave, orgueilleux, tyran et
corrompu, elle fut aussi le modèle de la confusion et de l'anarchie des pouvoirs; et c'est ce
qui causa sa perte. Ce fut également la con-

fusion des pouvoirs qui causa la perte de la république de Carthage et de celles de la Grèce.

Les modernes n'ont pas été moins en erreur dans le choix des moyens d'établir ce qu'ils ont appelé, suivant une idée fausse, *l'équilibre* ou la *balance des pouvoirs* (16).

En séparant le pouvoir législatif du pouvoir exécutif, ils ont voulu que l'un ne pût envahir l'autorité de l'autre, et par là ne pût s'abandonner au penchant vers le despotisme. Pour empêcher l'empiétement de l'un des deux pouvoir sur l'autre, ils ont imaginé, quoi? le contraire de ce que la raison indiquait, de diviser le pouvoir législatif, ce qui ne peut nécessairement que l'affaiblir, et le mettre facilement sous la dépendance du pouvoir exécutif; de créer une haute-chambre, un sénat, un patriciat, vrais foyers d'aristocratie, dont les intérêts ne sont jamais ceux de la nation, qui seule a besoin d'être protégée contre l'abus du pouvoir qu'elle confère à la haute magistrature : débiles étançons du trône, toujours prêts à ployer sous le poids de la tyrannie, et à fouler l'égalité civile et la liberté sociale. Nous venons d'en éprouver l'exemple. Ainsi ni l'institution féodale d'une pairie et d'une haute-chambre, ni l'institution aristocratique d'un sénat,

ne peuvent prévenir les dangers de l'empiétement du pouvoir exécutif sur le pouvoir législatif. Ils ne servent qu'à produire l'effet contraire, à rompre l'équilibre et à compromettre
l'intérêt et le sort de la nation.

Le peuple a eu la complaisance de se laisser
persuader que le trône avait besoin d'une garantie, et à cet effet, de l'appareil ridicule,
et de l'entourage insultant d'une noblesse, d'un
sénat, d'une haute-chambre, etc., etc., so-
phisme perfide et attentatoire aux droits du
constituant de la part du procureur fondé. Eh
quoi! lorsque le propriétaire du domaine aban-
donne à son gérant ses châteaux, ses terres,
ses labourages, ses titres, ses affaires, et le met
à son lieu et place, avec plein pouvoir de le
représenter en tout, et d'agir pour le mieux
dans ses intérêts, ce ne serait pas assez !
Le procureur fondé exigerait encore une caution de la part du propriétaire des domaines
confiés; une garantie! et de quel droit, et pour
quelle fin? Cette clause peut-elle être demandée
à tout autre qu'à celui que l'on méshonore et
que l'on méprise au-dessous d'un être qui aurait
perdu la raison? et néanmoins les peuples y
souscrivent !

Une caution, une garantie! mais c'est le fer-
mier, c'est le régisseur, le procureur fondé

qui doit être tenu de la donner, en raison
des facilités qu'il peut avoir d'abuser des choses
qui ne lui appartiennent pas. Ainsi les garanties
à instituer par la constitution doivent être au
profit du peuple contre les tentatives de l'usurpation de la part des gouvernans.

Pour faire les lois qui doivent régir une nation,
ne faut-il pas quelle en ait donné le pouvoir?
Ne faut-il pas aussi qu'elle donne le pouvoir
de les faire exécuter? Mais une grande nation
ne peut pas immédiatement, c'est-à-dire, par
le concours immédiat de chacun de ses membres, conférer les pouvoirs de faire la loi et
de la faire exécuter. Elle ne le peut que mé-
diatement, c'est-à-dire, en donnant procuration
à un certain ordre de représentans, ou de
procureurs fondés, à l'effet seulement de transférer la procuration sociale de gérer et administrer les affaires de l'Etat. Cet ordre de représentans sont des électeurs, qui font, dans le système
représentatif, une magistrature réelle, et véritablement la plus importante, qui doit avoir
une hyérarchie et une organisation spéciale
et indépendante, pour n'être pas vaine et illusoire. C'est un troisième pouvoir qu'il faut
essentiellement distinguer et séparer des deux
autres : c'est le pouvoir *électoral*, qui ne doit
appartenir ni au *législatif*, ni à l'*exécutif*, parce

que celui des deux qui réunit ce troisième pouvoir, la nomination aux places et aux emplois, réunit les deux tiers de la puissance, rompt l'équilibre, absorbe le pouvoir restant, et précipite l'Etat dans les dangers de l'anarchie ou du despotisme. C'est précisément ce que nous a prouvé l'expérience de 25 ans. C'est précisément ce qui a causé tant de révolutions et de contre-révolutions, dont le peuple est toujours la victime.

Il ne faut point chercher à mettre les deux premiers pouvoir de l'Etat en équilibre ; ce serait vouloir le renversement de l'un par l'autre. C'est leur *stabilité* qu'il est essentiel d'établir, et cette stabilité doit résulter de la distinction des pouvoirs. L'assemblée conventionnelle apprécia cette vérité quand elle déclara que *la garantie sociale ne peut exister si la division des pouvoirs n'est pas établie, si leur limites ne sont pas fixées et si la responsabilité des fonctionnaires publics n'est pas assurée* (a). Mais elle ne connut pas les moyens solides d'assurer cette garantie ; elle divisa le pouvoir électoral entre le peuple, la législature et le directoire, et nous livra à tous les dangers de la confusion des pouvoirs.

_____

(a) Constitution de l'an 3.

La distinction des pouvoirs exige donc la création d'une grande et nouvelle institution nationale, non pas pour rivaliser avec celle qui fait la loi, ou celle qui la fait exécuter, mais pour enlever à l'une les facultés de détruire l'autre, et pour les fixer chacune dans une stabilité imperturbable. De même qu'un grand corps qui gravite à la surface de la terre n'y peut demeurer stable sur deux points d'appui, et qu'il en faut au moins un troisième; de même la constitution d'un grand empire ne peut demeurer stable dans le système représentatif, qu'en lui donnant pour soutien un troisième appui, le pouvoir électoral.

Ce pouvoir n'étant donné qu'à un grand corps, réparti aux deux tiers dans tout l'empire, renouvelé chaque année, et borné à des fonctions entièrement prescrites par la loi et totalement indépendantes du pouvoir législatif et du pouvoir exécutif, ne pourra que prévenir les abus, sans devenir jamais abusif, et réprimer les atteintes du despotisme sans pouvoir en porter aucune.

Ce pouvoir, dont portion des membres seront réunis dans la capitale, présente à l'imagination le symbole d'un arbre majestueux, dont le tronc figure cette réunion permanente, que n'ébranleront point les tempêtes

5

politiques; leur vigilance secrète, les racines, que les conjurations ne pourront arracher; et les membres dans les départemens, les rameaux et les feuillages à l'ombrage desquels le Français libre pourra se reposer en paix, à l'abri, désormais, de toute inquiétude et de toute agitation révolutionnaire.

§. XI. DE LA RÉGENCE.

XLIV. En admettant l'hérédité pour le chef du pouvoir exécutif, il faut prévoir le cas de la minorité du successeur héréditaire, et prévenir les dangers qu'il en peut résulter. Il faut prévoir aussi le cas d'incapacité, de renonciation et de déchéance. Dans tous ces cas, et suivant l'exactitude des principes, la nomination du régent, ou d'un successeur, ne peut appartenir qu'au grand conseil électoral. Voyons comment ce conseil pourrait faire le meilleur choix possible, de la manière la plus tranquille et totalement à l'abri de l'intrigue.

Il est incontestable qu'il importe de choisir l'homme le plus capable de tenir les rênes de l'Etat, qui mérite le plus la confiance de la nation, et qu'il faut mettre à l'écart toute considération de parenté, afin de ne pas sacrifier une nation à une famille.

Il est incontestable aussi que l'initiative, dans l'élection du chef subsidiaire de l'Etat ne peut appartenir à la masse de la nation. La raison dit qu'il faut l'accorder à ce que l'on nomme les hommes d'Etat, parce qu'ils sont à portée de connaître l'espèce et le degré de mérite des citoyens, parmi lesquels il convient de faire le choix. Mais il ne faut leur demander qu'une indication très-indéterminée, afin que nul d'eux ne puisse se prévaloir de son habileté en intrigues politiques pour se faire choisir, et que la nation ait la pleine liberté de se prononcer sur ceux qu'elle estime le plus, ainsi que le grand conseil électoral celle de choisir suivant le vœu de la nation.

A cet effet, on pourrait procéder ainsi :

Chacune des autorités nationales, savoir: le grand conseil électoral, l'assemblée nationale, les ministres et autres fonctionnaires, considérés comme faisant partie du pouvoir exécutif, la cour de cassation et celle des comptes, seraient convoqués, pour former, au scrutin individuel, et à la simple pluralité des suffrages, une liste de cent citoyens. Chacune de ces autorités enverrait sa liste, portant le nombre des suffrages que chaque inscrit aurait obtenu, au

grand conseil électoral qui les fondrait en une
seule, par l'addition des suffrages que le même
inscrit aurait obtenus sur différentes listes. Cette
liste unique serait publiée et envoyée aux délégués des départemens, et chacun prendrait sur
cette liste centuple, trente-trois noms qu'il in-
sérerait dans son bulletin. Ainsi le recensement
des buletins des délégués de chaque département
donnerait une liste réduite à trente-trois concurrens. Chacune de ces listes serait adressée de suite
au grand conseil électoral, qui les fondrait encore en une seule et en donnerait publication.
Pendant huit jours il serait permis à chacun de
publier ses réflexions sur le plus ou le moins
de mérite des concurrens ; ensuite la grande-
chambre du grand conseil électoral en élimine-
rait d'abord un tiers par le scrutin, et puis
un autre tiers par le sort. D'un autre côté, un
tiers seulement des grands électeurs seraient
appelés, aussi par le sort, à donner immédiatement leurs suffrages pour l'élection du régent,
parmi les onze candidats restans. Celui qui réu-
nirait la majorité absolue, serait reconnu comme
élu par la nation.

On voit qu'en suivant cette méthode, il n'y
aurait que les citoyens d'un mérite généralement reconnu, qui seraient offerts au choix
des délégués, et qu'infailliblement on ne bri-

guerait point pour être porté sur la première
liste préparatoire ; qu'il serait impossible , et
par conséquent inutile , de s'intriguer pour être
porté par les délégués sur la deuxième liste préparatoire , où ne seraient conservés que trente-
trois des hommes les plus marquans de l'Etat ,
et les plus estimés de la nation ; que les plus
faibles d'entre ces trente-trois concurrens seraient éliminés par un choix éclairé ; que le
sort , immédiatement jeté entre les autres ,
ainsi qu'entre les grands électeurs , qui seraient , sans aucun intervalle de tems , appelés
à voter , même dans leur résidence dans les départemens , romprait toute intrigue , et en ferait tellement sentir l'inutilité , que pas un des
concurrens ne s'aviserait de songer à aucune
sollicitation.

Un tel système ne pourrait donc causer , ni
inconvéniens , ni troubles. Il garantirait le
meilleur choix avec une sécurité si parfaite ,
que le régent serait toujours le citoyen le plus
digne d'être chargé de la régie des affaires publiques, tandis que , bien souvent, le successeur
n'acquérerait pas les qualités nécessaires à la
sublime fonction qui l'attendrait.

§. XII. DU POUVOIR LÉGISLATIF.

XLV. Le pouvoir législatif est celui de donner force de loi à des règlemens qui concernent
l'intérêt public : ce pouvoir ne peut émaner que
du peuple , comme étant seul et unique souverain de lui-même. Il ne doit s'exercer que par
des mandataires qui ont reçu la procuration
spéciale de faire la loi. Tous les hommes éclairés
du dix-huitième siècle ont parfaitement senti, et
très-sagement démontré que le pouvoir de faire
la loi ne doit jamais appartenir à celui qui est
chargé de son exécution ; car, autrement, il
absorberait les deux pouvoirs , dégénérerait en
despotisme, et anéantirait la liberté. Tant de
maux récens ne nous ont que trop montré l'importance de cette vérité. Nous avons tous intérêt
de crier d'une voix unanime : LA DISTINCTION DES
POUVOIRS! LA DISTINCTION DES POUVOIRS!!! car,
sans cela , plus de liberté , plus de patrie. Eh!
qu'ont voulu faire autre chose que nous ravir
notre patrie et notre liberté, tous ceux qui, dès
l'origine de la révolution , ont fait tant d'efforts
pour nous faire rétrograder et nous amener à
l'oubli et au mépris des principes, si connus,
si débattus , qui s'opposent à la confusion des
pouvoirs.

Il faut donc poser comme principe absolu ,
dans la nouvelle constitution , et comme le plus
inviolable , que le pouvoir exécutif n'exercera
aucune influence directe , ni indirecte sur le
pouvoir législatif , que les assemblées législa-
tives se formeront annuellement de plein droit
à une époque fixe ; que , dans les cas extraordinaires , elles seront convoquées par le grand
conseil électoral , et que jamais le pouvoir exécutif ne pourra les dissoudre , ni les ajourner.
Il est trop généralement reconnu , trop universellement admis , que le pouvoir de faire la loi
est antérieur et supérieur à celui de la faire exécuter , qu'on ne peut regarder que comme une
usurpation attentatoire aux droits de la souveraineté nationale , comme une violation intolérable de la part du pouvoir exécutif de s'ar-
roger le droit de convoquer, d'ajourner et de
dissoudre le pouvoir législatif.

Pour faire un bon règlement touchant les intérêts publics , il faut que ces intérêts soient
consultés. Il faut recueillir avec impartialité
toutes les connaissances sur l'objet 'du règlement , et profiter avec sagesse de toutes les lumières propres à le rendre juste , clair et précis.
Comment atteindre ce but ? Le pouvoir exécutif
ne cherche jamais à y tendre sincèrement : s'il
semble le faire , ce n'est que d'une manière

spécieuse , parce que les gouvernans préfèrent toujours leurs intérêts à ceux des gouvernés ; autre raison de ne pas permettre au pouvoir exécutif de s'immiscer dans la formation de la loi. Combien donc fut vicieuse , à cet égard , la constitution de l'an 8, qui donnait au gouvernement l'initiative de la loi , et la faculté de convoquer , ajourner et proroger un corps législatif, muet , peu nombreux , presque choisi par lui , et trop facile à séduire. Ne cesserons-nous jamais enfin de désapprendre et de rétrograder ?

Antérieurement, le corps législatif fut partagé en deux chambres : les cinq cents , et les anciens. Cette organisation , quoique préférable , était encore très-imparfaite. Elle offrait , sans doute, l'avantage d'écarter le danger d'une trop grande précipitation dans la formation de la loi ; précipitation à laquelle une assemblée unique peut se trouver entraînée par la véhémence d'un parti , les intrigues d'une faction et l'éloquence trompeuse d'un grand orateur , ou lorsqu'une proposition improvisée peut, dans un instant , être convertie en loi. Mais ce danger , qui n'offre que celui d'une surprise , sur laquelle l'assemblée peut toujours revenir, si le cas est important , peut s'éviter par beaucoup d'autres moyens préférables à celui de donner le *veto absolu* à une petite poignée d'hommes que la séduction peut facilement atteindre. Le conseil des anciens, qui ne se composait que de deux cents cinquante membres, pouvait délibérer au nombre de cent vingt-six, dont la majorité, soixante-quatre, avait le droit d'admettre ou de rejeter la loi. Ainsi, c'est cette petite majorité qui faisait ultérieurement la loi, ou qui avait la faculté d'opposer un *absurde et irrésistible veto* à un projet délibéré par le conseil des cinq cents; ainsi, c'est avec l'inconvénient d'un très-dangereux abus, qu'on a voulu écarter l'inconvénient moins grave d'une prématurité si facile à prévenir par tant d'autres moyens. Osons le dire, ce ne fut pas l'intention d'éviter un inconvénient, mais le désir secret et perfide d'étouffer la liberté naissante, qui fit admettre ce fatal système de législature. On sait aujourd'hui que ce fut à dessein qu'on divisa le corps législatif, afin de l'affaiblir et de le culbuter au premier choc du pouvoir exécutif ou d'une faction, ce qui ne manqua pas d'arriver par la suite des intrigues des Bourbons (17).

Le système honteux d'une chambre des pairs en opposition avec celle des communes, non-seulement produit le même abus, mais encore il est flétrissant pour un état libre, en ce que son origine est toute féodale; qu'il établit les délibérations par ordre, et qu'elle est subversive du système représentatif; qu'il n'a pour objet que de détruire l'égalité sociale, et partant la liberté et la patrie; d'opposer à la souveraineté du peuple, la volonté d'une faction de privilégiés, le *perfide veto* d'une noblesse servile et corrompue, contre tout ce qui ne favorise pas son orgueil et ses priviléges. Enfin l'institution d'une haute chambre des pairs héréditaires n'est que celle d'une garantie, d'un cautionnement exigé de la part du régisseur contre son commettant, pour pouvoir plus impunément abuser de la force contre lui, le dépouiller et l'opprimer. La clause d'une telle condition est nulle de son essence, comme gratuitement toute au bénéfice du mandataire, et toute au préjudice du mandant.

En vain l'Encyclopédiste (18) des législations et des gouvernemens divers a fait le pompeux éloge des trois puissances, c'est-à-dire des trois *veto* du gouvernement de l'Angleterre, qui se réduisent constamment au seul *veto* du pouvoir exécutif. Les Anglais eux-mêmes conviennent universellement des vices de la division du pouvoir législatif, et de la confusion des deux pouvoirs dans le ministère; ils ont fait des vœux sincères pour avoir une assemblée nationale (19) au lieu du parlement, pour faire les lois.

C'est, en effet, à une assemblée nationale que doit être confié le pouvoir de donner force de loi aux règlemens qui auront été soumis aux lumières de la nation. C'est seulement dans la manière de recueillir ses lumières et son vœu sur l'objet et la forme du règlement qu'on lui propose, que doit résider la garantie contre les dangers d'une résolution prématurée. La publication des projets dans les journaux, avec la liberté de la presse, et la prolongation des débats ont paru suffisans au marquis de Casaux (a) pour prévenir ces dangers. Il existe un moyen plus favorable pour obtenir plus parfaitement cet effet, et sans contredit le meilleur pour connaître le vœu de la nation sur un projet de loi, pour profiter de toutes les connaissances, et rassembler toutes les lumières; c'est *d'instituer des assemblées départementales*, et de soumettre à leur discussion tous les projets, avant qu'il en soit délibéré par l'assemblée nationale. Celle-ci envisagerait les projets de loi sous le point de vue d'intérêt général, tandis que les autres les analyseraient sous le point de vue des intérêts particuliers. L'une embrasserait l'ensemble des rapports généraux, et les autres considéreraient les rapports locaux et indivi-

_____

(a) Simplicité de l'idée d'une constitution. Paris, 1789.

duels , toutes avec des lumières et une impartialité qui ne peuvent appartenir à un parlement aristocratique et mi-féodal.

§. XIII. *Des assemblées départementales.*

XLVI. Tous les ans , au 1er. décembre , il se formait entre trois départemens , et alternativement dans l'une des villes les plus populeuses de chacun , une *assemblée* , qui serait dite *départementale.* Elle se composerait des compétiteurs au conseil électoral , au corps législatif et aux administrations des départemens , qui n'auraient pas été désignés par le sort pour être mis en exercice. Cette assemblée , qui serait au plus de soixante à soixante-dix personnes , les plus éclairées de la division qui comprendrait les trois départemens , serait assez nombreuse pour répandre les plus vives lumières dans la discussion , et discuterait solennellement et en public , tous les projets de loi , les adopterait ou les rejeterait , après la discussion , à la pluralité absolu des suffrages. La loi qui serait jugée inutile , préjudiciable ou dangereuse , serait rejetée d'une manière absolue. Celle qui serait jugée utile au fond , mais dont la rédaction paraîtrait inconvenante , serait adoptée , sauf amendement. Chaque assemblée proposerait ses amendemens, additions ou suppressions d'articles, ainsi qu'elle le croirait convenable, et en exposerait les motifs. Les discussions des assemblées départementales seraient rendues publiques par les journaux ; toutes les discussions devraient, dans les tems ordinaires, se terminer dans le délai d'un mois ou de six semaines.

Cependant l'assemblée nationale s'ouvrirait au 1er. janvier dans la capitale. Elle devrait être composée au moins de cinq à six cents députés. Des comités recevraient les projets discutés dans les départemens, et prépareraient des rapports sur le résultat comparé des discussions. Un projet qui aurait été rejeté par plus de la moitié des assemblées départementales, ne serait pas soumis à la délibération de l'assemblée nationale. Mais elle discuterait les projets admis, sauf les amendemens, additions ou suppressions, et arrêterait la rédaction définitive de la loi, qui, dès-lors, affranchie de tout *veto*, serait envoyée au pouvoir exécutif, et celui-ci serait tenu de la publier et d'en ordonner l'exécution, *au nom du peuple français.*

Cette méthode, qui permettrait de faire une loi dans l'espace de vingt à trente jours, non-seulement écarterait le danger de la précipitation, mais encore rendrait impossible l'influence d'un parti, d'une faction, et de la corruption de la part des ministres. Elle offrirait en outre le rare avantage de savoir ce que la raison nationale penserait d'un projet de règlement ; s'il convenait à l'esprit et aux mœurs des différentes contrées de la France ; s'il répondait aux besoins du peuple, et s'il favorisait la majorité des intérêts. Ainsi, l'on serait assuré d'avoir rassemblé toutes les lumières, consulté la nation entière et pris sa volonté sur la formation de la loi. C'est véritablement ainsi que la loi deviendrait *l'expression de la volonté générale*, et qu'elle ressortirait avec ce libre *consensu omnium*, que jamais Charlemagne n'obtint dans ses champs-de-mai.

Une telle manière de discuter la loi, serait la plus propre à éclairer et former l'esprit public, et exciter l'amour de la patrie. Les départemens se glorifieraient à tour de rôle d'avoir eu les tenues de ces assemblées, et cela contribuerait à les attacher les uns aux autres. La liberté, l'égalité et la sûreté publique gagneraient infiniment à ce systême, qui ne ressemble point au fédéralisme, tout en produisant des effets plus satisfaisans que ceux que les fédéralistes croient pouvoir obtenir avec leur dangereuse chimère. Il est bien certain que ce systême exciterait chez les habitans des départemens qui avaient été réunis à la France , un nouveau desir , et le plus ardent , sans doute , d'être réincorporés à la France.

Pour rendre d'un autre côté les assemblées des compétiteurs beaucoup plus utiles et plus importantes que les diétines de la Pologne , et que nos anciens états de province , il conviendrait de leur donner la vérification et le jugement de la comptabilité des administrations locales ; le soin de veiller à l'économie des dépenses des départemens et des communes , à l'entretien des routes et canaux , à la juste répartition de l'impôt , et à tous les moyens de bien public respectif aux localités. On pourrait même leur accorder le droit de faire des règlemens locaux d'administration et de police , suivant l'esprit de la constitution et des lois , sauf à n'être rendus exécutoires qu'avec l'assentiment et l'ordre du pouvoir exécutif, afin qu'il ne fût jamais permis à un département de rompre l'unité sociale et d'arrêter l'exécution des lois. Ainsi , le fardeau de l'état s'allégerait pour les pouvoirs législatif et exécutif. Ainsi , une partie de la haute administration se rapprocherait des administrés , faciliterait les mesures de justice et de satisfaction personnelle qu'ils réclameraient , loin de les rendre dépendans et victimes des intrigues de la cour et des ministères.

On objectera , peut-être , contre un tel systême de pouvoir législatif, qu'il pourra survenir
des cas où la nécessité d'envoyer un projet de
loi aux assemblées départementales , occasion-
nera une perte de tems funeste à la chose publique. Comme il n'y a pas de principe absolu
qui ne se modifie devant la nécessité des circonstances ou des évènemens extraordinaires ,
ni de règle générale qui n'ait besoin de quelqu'inflection pour ne pas se rompre , on peut
prévoir le cas où l'assemblée nationale , extraor-
dinairement convoquée , n'aurait pas le tems ,
sans compromettre le salut public , de recueillir
l'avis des compétiteurs , et prescrire comment
elle pourrait , seule alors , user provisoirement ,
et sans tirer à conséquence , du pouvoir législatif , ce qui n'aurait jamais lieu pour les lois générales et destinées à devenir stables ; mais seulement pour des mesures particulières de salut
public et de courte durée , qui ne pourraient
jamais tendre à détruire , mais seulement à
conserver la constitution , et qui seraient ré-
vocables aussitôt que les délibérations des assemblées départementales pourraient être re-
cueillies.

§. XIV. *Conseil de législation.*

XLVII. L'initiative des lois, ou la faculté d'en présenter les projets, doit être interdite au pouvoir exécutif : il suffit qu'il puisse exposer sa demande motivée d'une loi, dont il aurait éprouvé la nécessité, attendu qu'il doit moins que qui que ce soit se mêler de sa formation. Le soin de faire un projet de loi doit être remis à un conseil de législation, lequel se formerait d'un tiers pris au sort des membres sortant de l'assemblée nationale, pour rester à sa place jusqu'à l'année suivante. Ce conseil rédigerait tous les projets de loi, et les adresserait aux assemblées départementales. Lui seul pourrait, dans l'intervalle des sessions, interpréter la loi, ou donner des avis sur son interprétation, et prendre des arrêtés à ce sujet ; lui seul formerait le conseil d'état, et cela doit être ainsi, suivant les principes, puisque les attributions du conseil d'état rentrent dans celles du pouvoir législatif, qu'il faut entièrement séparer du pouvoir exécutif.

D'ailleurs, un conseil de ministres et de conseillers, au choix du pouvoir exécutif, n'agit, le plus souvent, que par intrigue, par déférence, faiblesse ou adulation. Il peut arriver encore qu'il soit dirigé, soutenu par une ca-

bale , et souvent à l'insu du prince. Il ne vau-
drait jamais un conseil de représentans soumis à
la vigilance de leurs concitoyens, qui se surveil-
leraient , s'éclaireraient mutuellement , et ne
seraient ni les esclaves, ni les obligés du pouvoir exécutif.

Cependant il ne faudrait pas que ce conseil
eût exclusivement la faculté de présenter les
projets de loi. Chaque citoyen devrait être
admis à adresser ses projets , soit à ce conseil ,
soit aux assemblées départementales , sauf à
l'auteur inconsidéré d'un projet mal conçu,
d'éprouver le désanvantage de ne pas même le
voir pris en considération.

Il n'y a point de doute que le gouvernement
représentatif, qui sera fondé sur cette triple distinction des pouvoirs , acquérera la stabilité la
plus parfaite. Pour cet effet , il suffit que chacun
des trois pouvoirs fondamentaux de ce système
agisse librement dans sa sphère , et qu'il soit
contraint de s'y maintenir , sans choquer les
autres pouvoirs , ni empiéter sur leurs attributions ; il est évident que cela serait ainsi de
toute nécessité.

Le pouvoir électoral n'aurait aucune influence sur la formation de la loi, ni sur le
mode de son exécution ; mais il maintiendrait
les magistrats dans leurs devoirs , et dès-lors la

loi serait fidèlement exécutée. Il serait le gardien des droits du peuple , sans avoir la faculté
d'y porter atteinte. Il aurait la connaissance et
le choix des hommes utiles à l'Etat , sans qu'aucune intrigue le portât à empêcher que chacun
ne parvînt à la place où il serait appelé par ses
talens , ses mœurs , et la confiance de ses
concitoyens.

Le pouvoir législatif serait exclusivement restreint à faire la loi , et il serait toujours certain
de la faire conforme à la volonté de la nation ,
par conséquent de la rendre bonne , et d'autant
plus respectable , que tous les départemens auraient concouru à sa discussion. Tel le notaire ,
qui a écouté les débats des parties , apprécié
leurs intérêts , et bien connu leur volonté , ne
peut manquer de bien rédiger le contrat qu'elles
adopteront sans difficulté. Dans le fait , les députés à l'assemblée nationale ne seront que les
notaires de la nation , à qui les départemens
enverront de si bons cahiers , qu'ils n'éprouve-
ront aucun embarras pour s'y conformer.

Le pouvoir exécutif ne sera plus , et ne doit
plus être , il en est tems , un pouvoir absolu qui
veut se mêler de tout , qui veut tout faire, tout
absorber , tout envahir , tout confondre , tout
détruire. Mais le pouvoir le plus grand , le plus
fort , le plus puissant , le plus respectable qu'il

se puisse ; car il aura la grandeur , la force , la puissance et la considération de la masse entière de la nation ; puisqu'en agissant en vertu de la loi, qu'il n'aura pas dictée, il sera certain de ne pas s'être trompé , et d'agir avec la volonté de toute la nation , et c'est cette volonté qui est la suprême puissance. Ce ne devra donc plus être dans ses gardes que le pouvoir exécutif devra chercher sa sûreté : la masse des citoyens sera assez intéressée à protéger son inviolabilité ; ce ne sera plus avec l'appareil d'un ridicule et puérile entourage de valets titrés, qu'il devra composer sa cour : elle serait trop petite, trop mesquine et trop vile près du cortège de la noble et généreuse nation des Francs , qui investira son chef de tout son éclat, dont la vivacité est encore capable de charmer l'Europe ; et c'est pourquoi il faut que le chef du pouvoir exécutif ne soit que le grand administrateur de la chose publique, le premier citoyen français, et qu'il ne desire pas être autre chose.

§. XV. *Des pouvoirs secondaires.*

XLVIII. Les publicistes , en établissant la distinction des pouvoirs , en ont spécifié trois: le *pouvoir législatif*, le *pouvoir exécutif*, et le *pouvoir judiciaire* ; mais ils n'ont pas pris garde que le dernier, ainsi qu'il est constitué chez les peuples modernes, n'est pas un pouvoir de la première classe ; qu'il n'est pas au même rang que les deux autres ; qu'il procède, au contraire, d'eux, et qu'ainsi il leur est subordonné : c'est un pouvoir fractionnaire, local et du second ordre, dont l'action ne peut ni balancer, ni stabiliser les deux autres. L'ordre administratif est également un pouvoir de la seconde classe, ainsi que le pobvoir judiciaire, et lui est généralement comparable dans son objet et sa hiérarchie.

Il faut donc admettre cinq pouvoirs, au lieu de trois, et chercher à les bien coordonner dans la nouvelle constitution.

Les membres des tribunaux doivent être, ainsi que ceux des administrations, au choix des électeurs du peuple ; mais les juges peuvent, sans inconvénient, être élus pour cinq ans, tandis que les administrateurs ne doivent l'être que pour trois, et les uns et les autres rééligibles seulement une fois sans intervalle. Par cette méthode, celui qui se rendra digne de sa fonction y sera maintenu assez longtems pour mériter ensuite d'être appelé à une plus haute fonction. Au contraire, celui qui cessera de mériter la confiance de ses concitoyens sera écarté de ses fonctions par le seul pouvoir de la

négative , et cela seul obligera les magistrats à
mettre plus d'exactitude , plus de fidélité à remplir leurs devoirs. L'intérêt public commande
donc que les juges civils ne soient pas plus ina-
movibles que les juges administrateurs, et pour
les mêmes raisons.

En recomposant les tribunaux d'après une
meilleure organisation , il est urgent de re-
fondre en entier le Code de procédure, et il
faudrait admettre pour base essentielle , dans la
constitution ; que la procédure serait rendue la
plus simple possible , et qu'elle serait faite à-
peu-près comme elle est prescrite par le *Code
Frédéric*. Alors les affaires s'instruiront plus
parfaitement , et seront plus promptes et plus
faciles à juger. On pourra faire même que les
avocats des parties aient *pour mission primor-
diale de les concilier*, et qu'ils soient d'autant
plus honorés , qu'ils en auront concilié d'avantage. Combien il serait facile de prévenir les
ruines que causent les procès ! Ce n'est pas le
cas d'en indiquer ici les moyens ; mais la
constitution doit en admettre le principe.

XLIX. La procédure de commerce n'exige pas
une moindre réforme. Rien de plus ridicule que
les mesures prises dans les affaires des faillites ;
rien de plus étrange qu'une procédure en règle ,

avec des formes longues et pénibles pour arriver,
après de grandes avances, au paiement d'un
billet ou d'une lettre-de-change, qui, étant
dans le commerce un véritable papier-mon-
naie, exigeraient que l'on traitât ceux qui en
émettent inconséquemment, à quelques égards,
comme de faux-monnayeurs. L'acte de la seule
reconnaissance de la signature, devant un juge
de paix, sur l'heure du refus du paiement, devraient suffire pour faire exécuter le souscrip-
teur. Cette sévérité ne présente aucune injustice;
elle ferait renaître la confiance, on verrait
moins de papier dans le négoce, mais on n'en
émettrait pas de mauvais. Chaque effet aurait
une circulation plus active, et serait plus utile
au commerce.

L. Une haute-cour de justice qui n'a pas le pouvoir de réformer un jugement, qui renferme
une souveraine iniquité, lorsqu'il est rendu dans
les formes, n'est qu'une institution imparfaite.
Rendre la justice est l'unique objet des tribunaux; mais quand ils ne la rendent point sans
violer ouvertement le texte de la loi écrite, leur
jugement n'en devrait pas moins être cassé. Je
sais combien il s'éleverait d'inconvéniens, si
l'on donnait à la cour de cassation la faculté de
recevoir les appels contre la souveraine injustice; mais je sais aussi que la masse des victimes

d'une immense quantité de jugemens attaquables par la voie de la souveraine injustice, a droit d'accuser la législation d'être souverainement vicieuse, puisqu'elle n'accorde aucune protection contre les jugemens iniques, rendus dans les formes ; enfin, puisqu'elle n'offre aucun moyen de prévenir les vols et les assassinats judiciaires. La recherche de ces moyens doit faire l'objet des méditations du législateur, qui ne doit pas vouloir s'entendre dire : *Tu ne nous as donné qu'une législation impuissante et éphémère.* L'acte constitutionnel doit admettre ce perfectionnement dans l'administration de la justice.

§. XVI. DE LA FORCE ARMÉE.

LI. *La force armée,* ont dit les assemblées nationales dont l'empereur reconnaît maintenant la sagesse, en cette partie de notre législation, *est instituée pour défendre l'état contre les ennemis du dehors, et pour assurer, au dedans le maintien de l'ordre et de l'exécution des lois (a).*

(a) Art. 1ᵉʳ. du tit. 4 de la constitution de 1791, et art. 274 de la constitution de l'an 3.

La force générale de la république est com-posée du peuple entier.

Tous les Français sont soldats ; ils sont tous exercés au maniement des armes (a).

La force armée se distingue en garde natio-nale sédentaire , et en garde nationale en activité (b).

Aucun étranger, qui n'a point acquis les droits de citoyen Français , ne peut être admis dans les armées françaises , à moins qu'il n'ait fait une ou plusieurs campagnes pour l'établissement de la république (c).

Les officiers de la garde nationale séden-taire sont élus à tems par les citoyens qui la composent , et ne peuvent être réélus qu'après un intervalle (d).

Nul ne commandera la garde nationale de plus d'un district (e).

Ces dispositions sont établies sur des raisons si simples , et découlent de principes si évi-dens, qu'il ne faut point de commentaire pour

---

(a) Art. 107 et 109 de la constitution de 1793.
(b) Art. 276 de la constitution de l'an 3.
(c) Art. 287 *ibid.*
(d) Art. 281 *ibid.*
(e) Art. 6 du titre 4 de la constitution de 1791.

apprécier l'importante nécessité de s'y conformer entièrement aujourd'hui. Elles sont le
résultat d'une philosophie saine , et d'une politique sage et éclairée , sur lesquelles les plus
grands écrivains et les premiers hommes d'état
sont parfaitement d'accord. Ne pas se conformer entièrement à ces dispositions , serait à
dessin rétrograder vers la barbarie qu'engen-
dra le despotisme militaire de moyen âge.

Fixons-nous invariablement sur les conséquences qui émanent de cette legislation, et
faisons en sorte de n'en point méconnaître les
principes , en établissant les moyens de les
mettre en pratique.

Il faut donc qu'il soit déclaré, dans la nouvelle constitution , que toute guerre offensive
est à jamais proscrite , comme le premier de
tous les crimes, et que nul ne peut être tenu
de concourir à la faire ; car , puisque la force
armée n'est *instituée que pour défendre l'état
contre les ennemis du dehors* , elle ne l'est
point pour attaquer , et dès-lors il ne doit
plus y avoir de guerre offensive de la part
de la France contre aucune des puissances
voisines. Combien de maux et de calamités
n'auraient pas inondé la France et toute l'Europe , si l'on eût sévèrement maintenu ce
principe depuis l'origine de la révolution, au

lien de céder aux intrigues honteuses d'un
ministère corrompu (20), qui nous fit suggérer
de prendre l'offensive pour ruiner la France
et la ramener sous un joug de bronze et de
fer. Mais déja Napoléon n'aurait pas dû tant
différer à prouver aux puissances étrangères
que la France ne voulait plus de guerre offensive, mais qu'elle sera terrible dans sa
défense. Il a fait sentir, à la vérité, que, ne
voulant plus nous mêler des affaires des autres,
nous ne souffrirons point que les autres puissances prétendent à se mêler des nôtres. Il
faut plus : il faut que l'acte constitutionnel
prescrive de telles mesures, qu'il ne soit plus
possible à l'avenir à aucune intrigue, à aucun
vouloir étranger aux intérêts de la nation,
de lui faire adopter aucune déclaration de
guerre offensive, ni de lui faire prendre part
à aucune guerre qui n'aurait pas pour objet
la défense des frontières assignées par la nature. C'est pour cette fin que la France ne
doit avoir de force armée que la garde nationale (21), et qu'il faut déclarer que la
troupe de ligne actuelle n'est que la division
de la garde nationale en activité.

C'est vers l'organisation de la garde nationale
que le législateur doit porter toute son attention, afin qu'elle devienne le soutien inébran-

lable de la constitution, et le gardien infléxible
de l'indépendance politique et de la liberté
civile. Il faut, sans doute, à cet effet, que
chaque citoyen soit *soldat exercé*; mais il
faut, avant tout, que chaque soldat soit *ci-*
toyen instruit. Ainsi, le législateur doit d'abord
songer à faire des citoyens avant de s'occuper
à faire des soldats. Il ne faut pas qu'il oublie
que, sous l'empire de lois et sous le règne
de la raison et de la liberté, le soldat ne peut
plus être un instrument passif qui fait indis-
tinctement agir le fer et le bronze meurtrier
contre ses semblables; que le vouloir du soldat
est celui de défendre l'intérêt de sa patrie, et
que ce vouloir est la seule puissance qui lance
la foudre.

C'est donc le soldat qu'il faut commencer
par instruire des intérêts de sa patrie; et, puisque c'est dans son vouloir et dans sa force que
réside le maintien de la constitution et des lois,
la défense de nos frontières et la garde de nos
cités, il faut commencer par l'instruire des principes de la sociabilité, des règles de l'organisation sociale, des raisons de la sainteté des lois,
du respect des propriétés, de l'obéissance due
aux magistrats, et de la nécessité de la subordi-
nation militaire. Ainsi, pour faire un soldat
citoyen, il faut que l'enseignement civil et moral

précède, ou du moins accompagne l'instruction
du maniement des armes. C'est pour former
cette double institution que j'avais proposé (a)
de distribuer l'organisation de la garde nationale
en trois classes, sous les titres d'*élémentaire*,
mobile et *sédentaire*.

La classe élémentaire doit comprendre tous
les jeunes gens, sans exception, de 17 à 21 ans.
Ils seraient embrigadés par cantons, et obligés
de faire, chaque dimanche, l'exercice militaire,
après avoir reçu une instruction morale, suivant
le système d'enseignement civil et politique qui
leur serait donné. Pour suivre cet enseignement
d'après un cours réglé, cette classe de jeunes
citoyens serait tous les ans réunie, durant la
morte saison, dans les chefs-lieux de district ou
de département. On pourrait, pendant l'espace
de quatre mois, donner à chacun, dans ces
écoles martiales et gymnastiques, la continuation
ou le complément de l'instruction particulière
qu'il aurait reçue, depuis la lecture jusqu'aux
mathématiques, et les former à la morale en
leur apprenant l'exercice, la tactique, l'art du
campement, des retranchemens, et la défense
des places. Telle devrait être la distribution du

(a) Voyez les bases fondamentales de la constitution.

tems dans ces écoles, et l'ordre de l'enseignement civil et militaire, que l'on trouvât moyen
d'occuper une partie de ces jeunes gens, suivant
les professions qu'ils auraient embrassées, aux
travaux des munitions, de l'armement et de l'é-
quipement, et par là de former des ateliers utiles
aux fournitures de l'armée, ce qui en assurerait
l'économie et la bonne confection. On conçoit
que les officiers et les sous-officiers de cet embrigadement seraient les instituteurs respectifs de
chaque partie de l'enseignement de la garde
nationale élémentaire.

Ce serait à cette jeune garde que l'on devrait
confier le service de la police de l'intérieur,
pour lui apprendre que le premier devoir du
soldat doit être de veiller au repos de la société,
qui ne lui a confié des armes que pour faire respecter les lois et la liberté.

Les élèves de la patrie qui se seraient distin-
gués dans les premières années de cet enseignement passeraient, les années suivantes, dans
des écoles supérieures qui formeraient dans
chaque département des pépinières d'excellens
officiers.

La classe élémentaire de la garde nationale
devrait avoir un uniforme très-simple et très-dis-
tinct du reste de la garde nationale. C'est à l'instant où les jeunes citoyens auraient acquis leur

majorité, époque où les Romains prenaient la robe virile, qu'ils seraient reçus dans la deuxième classe de la garde nationale, et qu'ils devraient alors en prendre le costume dans une solennité civique, dans une des fêtes nationales printanières, dont l'objet et la simplicité des cérémonies faisaient connaître quel prix les Français attachent à leur indépendance, et avec quel grandeur de courage et quelle uniformité de caractère ils sont prêts à se sacrifier pour la défense de la patrie.

On conçoit qu'en suivant cette méthode, dont la convention aborda l'idée, dans la création de l'École martiale de la plaine des Sablons, idée dont la tyrannie de l'Europe s'effraya avec raison, et qu'elle parvint à faire oublier, la France aurait toujours sur pied une armée de plusieurs millions de soldats très-instruits, et dont le ralliement serait simultané dès la première attaque du territoire Français; et néanmoins, durant la paix, cette armée ne coûterait point de solde, puisqu'elle ne causait de dépenses que celles que la société doit sacrifier à l'enseignement public. Ainsi elle serait la plus redoutable et la moins dispendieuse des armées de l'univers.

La *classe mobile* se composerait de tous les citoyens depuis l'âge de vingt-un ans jusqu'à trente. Elle ferait le service de l'intérieur auquel

la classe élémentaire n'aurait pu suffire. Elle
auroit la garde des places fortes, des villes ma-
ritimes, des frontiéres et des côtes, avec une
telle distribution de service qu'il se trouvât
également partagé entre les départemens de
l'intérieur et ceux des frontières, et qu'en tems
de paix nul ne fût tenu de le faire pendant plus
de six mois consécutifs.

En cas de guerre, c'est-à-dire, d'attaque de
la part des puissances voisines, car la France ne
doit plus jamais en attaquer aucune, la classe
mobile composerait l'armée défensive, et offrirait de toutes parts une armée immense toujours exercée, toujours prête à se rallier, dont
les soldats connaîtraient déja toutes les fatigues
et toutes les ressources de l'art militaire. Quel
serait le potentat qui oserait opposer ses phalanges mercenaires à une réunion si formidable
de véritables Spartiates!

Une telle organisation de la garde nationale,
ferait échouer toute guerre offensive contre la
France. Elle ne permettrait même pas aux puissances voisines d'en faire deux fois la tentative.
Cette organisation est donc le plus puissant
moyen de rendre à l'avenir les guerres impos-
sibles, et d'arriver au point que la paix du
monde devienne imperturbable.

La *classe sédentaire* comprendrait tous les

citoyens depuis trente jusqu'à soixante ans. Elle serait exempte de service hors de l'état de guerre, ou des circonstances extraordinaires. Cependant elle serait soumise à un embrigadement permanent, à des revues et à des exercices une fois par mois. Elle ferait, au besoin, partie, avec les autres classes, des cérémonies publiques, et aurait le premier rang dans les fêtes nationales, dont la patrie réclame le rétablissement.

Cette classe formerait l'armée auxiliaire en cas de guerre. Ce serait précisément dans ses mains que les moyens défensifs les plus terribles devraient être remis. Tandis que la première classe veillerait à la paix et à la tranquillité de l'intérieur, d'un côté, la deuxième, plus mâle et plus vigoureuse, irait braver les périls, affronter les dangers, charger l'ennemi, se précipiter dans ses rangs, enlever ses retranchemens, et le contraindre jusque dans ses retraites les plus inabordables. De l'autre, la troisième, campée partout, se raliant au son des cloches, recevant des avis et des ordres avec un télégraphe portatif (22), surprendrait, arrêterait l'ennemi dispersé, lui tendrait des piéges à chaque pas, lui enleverait ses convois, couperait ses communications, garnirait les passages et les défilés de retranchemens et

7

d'artifices , ombragerait les villes, les villages et
les châteaux de nouveaux et triples remparts en
terre (23) , à l'épreuve du boulet , et en défen-
drait l'assaut avec mille explosions fulminantes
et imprévues : toutes sortes de moyens lui
seraient bons (24), et il les emploierait avec
tant de succès et de courage , que l'ennemi
serait contraint de se restreindre à une guerre de
blocus, de ville en ville, et de village en village ,
tandis que la possibilité lui en serait même
ravie par l'impétuosité des phalanges innom-
brables de la liberté. C'est ainsi que la majesté
du peuple français doit faire avorter les complots de la conjuration des rois contre l'indépendance et la liberté des nations ; c'est ainsi
qu'elle doit se venger des attentats de ces conjurés contre son inviolable et éternelle souveraineté.

§. XVII. DES CULTES et DE LA MORALE PUBLIQUE.

La liberté des cultes est civilement un droit
aussi inviolable que celui de la libre communication de la pensée. Il l'est même infiniment
d'avantage par son origine et son objet. Cette

liberté ne peut absolument avoir aucune dépendance que celle du libre arbitre de chacun.
Aujourd'hui les gouvernemens ne doivent plus
se mêler de la hiérarchie ni de la pratique
d'aucune religion. Il leur suffit de s'assurer
que chacune d'elles ne porte en soi rien qui
puisse troubler l'ordre public. L'administration ne peut donc avoir qu'une action purement
négative sur les réligions. Elle doit les envisager
toutes de la même manière, et les traiter également.

Mais le législateur doit voir dans les religions
des institutions de morale qu'il faut faire concourir au bonheur des hommes. C'est sous ce point de
vue qu'il est nécessaire de les rattacher à la législa-
lation. Une religion est pour ainsi dire, toute
entière dans ses ministres. Ils l'ont faite, ils
l'enseignent par état, et ils la soutiennent par
intérêt et par esprit de corps. Le législateur doit
considérer les ministres de toutes les religions
sous un même point de vue. Ils ne peuvent
être à ses yeux que des instituteurs de la morale
publique, qui doivent compte au gouvernement
de celle qu'ils professent.

Il faut que ces principes soient consacrés dans
la nouvelle constitution. En proclamant de
nouveau l'indépendance des cultes, il faut imposer à ceux qui en sont les ministres le devoir

de travailler à former la morale publique , suivant l'esprit des lois civiles.

Toute religion se compose du *dogme*, du *culte* et de la *morale*. Le dogme s'adresse au sentiment , le culte aux yeux , et la morale à la raison. Qu'importe au gouvernement quels soient les principes du dogme , tant qu'ils n'agissent que ur le for-intérieur , ou l'appareil du culte, tant qu'il ne nuit pas au repos et à la liberté des citoyens ? Il lui doit suffire de s'assurer que les ministres, en s'occupant de dogme et de culte , n'ispireront qu'une morale pure et conforme à la raison.

D'où il suit que si le gouvernement n'a pas le droit d'examiner le dogme , ni d'empêcher le culte des religions , il a celui de connaître quelle est la morale que les ministres enseignent.

Il peut demander aux ministres de lui rendre compte de cette morale, et les obliger à s'y conformer eux-mêmes. C'est une opération administrative et politique qu'il est urgent de faire.

En conséquence , le gouvernement pourrait ordonner que les ministres de chaque religion lui présenteraient, dans un suffisant délai, le code entier de la morale que chaque secte religieuse adopte , suivant une rédaction indé-

pendante du dogme et du culte ; que pour parvenir à cette rédaction, les ministres de chaque
secte ouvriraient, entre eux ou entre leurs fi-
dèles, des concours réglés, comme il paraîtrait le plus à propos, et dont le gouvernement
ferait les frais ; que ces concours seraient jugés
par des assemblées de ministres, sous l'inspection et la surveillance de l'autorité publique,
et que les codes de morale qui auraient été
adoptés par les ministres, seraient soumis
à la censure publique, et ensuite remis au
gouvernement. Celui-ci présenterait alors ces
codes à la législature, qui établirait les règlemens nécessaires à l'enseignement de la morale
publique, et aux devoirs des ministres des
cultes. Dès-lors il ne leur serait permis de prêcher que suivant les règles qu'ils auraient eux-
mêmes établies dans leur code. C'est ainsi que
l'état se trouverait garanti de l'influence contraire à la raison, aux lois et à la tranquillité publique, que les prêtres exercent sans cesse et
de toutes parts, sans autre règle ni boussole
que leurs passions et leur ambition.

Cette opération administrative et politique
n'aurait pas seulement pour résultat d'attacher
les prêtres à leurs devoirs et de les rendre des
hommes utiles à l'enseignement public ; mais
encore de montrer à tout le monde que toutes

les religions ont une morale commune , et que
leur discidence se réduit à si peu de chose , que
l'absurdité la plus grande est celle de l'inimitié
pour raison de la différence des religions. Delà quel heureux rapprochement entre les divers
religionnaires , et quel avancement rapide pour
la civilisation de la famille européenne ! Que les
générations futures béniraient un législateur
qui aurait assuré un tel triomphe à la raison !
Combien les peuples du nord et du midi de
l'Europe admireraient la sagesse avec laquelle il
emploierait la doctrine du sacerdoce , à la réduire lui-même à ce qu'elle n'aurait jamais dû
cesser d'être !

~~~~~~

CONCLUSION.

L'HARMONIE et la perfection de l'état social, et partant, la prospérité et le bonheur de la société, dépendent de la forme du gouvernement, de la sagesse des lois, et de l'équité de ceux à qui l'exécution en est confiée. La forme du gouvernement est la raison première des bonnes ou des mauvaises lois, du bon ou du mauvais choix des magistrats. C'est donc la forme du gouvernement qu'il faut perfectionner, pour arriver à la régénération de la société, et pour atteindre le but de son institution. Je n'ai voulu traiter ici que des questions principales de la forme du gouvernement, sur lesquelles j'avais des vues nouvelles à proposer; J'ai dû faire précéder l'exposé de ces vues, de celui des principes régulateurs de l'organisation sociale, afin que chacun fût à porté de juger de la conformité des moyens avec ces principes, et par conséquent, de leur justesse, de leur utilité, de leur importance.

C'est sur l'exacte et sévère distinction des pouvoirs que je base la forme du gouvernement, et j'ai prouvé que sa stabilité ne peut se trouver que dans la sévérité de cette distinction. Je prie mes concitoyens de bien tenir note de cette maxime : le tems leur prouvera combien elle est capitale.

J'ai démontré la nécessité d'établir trois pouvoirs primordiaux, entièrement distincts l'un de l'autre, par leur objet et par leur forme, et chacun dans l'entière indépendance des autres. Celui-ci fait la loi, en présence et de l'assentiment de toute la nation ; celui-là doit la recevoir passivement et la faire exécuter dans la plénitude de son application; tandis que l'autre est le garant constitutionnel que les agens même de la constitution et de la loi ne leur porteront aucune atteinte. Cette forme régulière, qui convient au système de la monarchie, comme à celui d'une république représentative, n'est point une balance des pouvoirs, sujette à des oscillations désastreuses; mais bien une distribution des fonctions de la magistrature suprême, fondée sur la différence de leur nature et de leur objet, arrangée de manière à éviter le danger de leur cumulation, et à les rendre inébranlables.

J'ai présenté une forme de législature qui concilie l'avantage de prendre la volonté de la nation entière, sur l'objet d'une loi, avec celui de recueillir toutes les lumières et d'associer les départemens aux discussions de leurs intérêts civils et politiques, tout en les resserrant par de nouveaux liens entre eux et la capitale.

J'ai donné un nouveau système d'élections, capable d'écarter toutes les intrigues et de garantir les meilleurs choix. C'est le point le plus capital d'une sage constitution, puisque c'est de ce point que dérivent sa conservation ou son renversement, et la perfection des lois et des mœurs.

Un troisième point capital est celui de la force armée qui, lorsqu'elle n'existe que pour tout conserver, peut tout détruire, si les enfans de la patrie, qui la composent, lui deviennent étrangers, d'après leur organisation et leur esprit de corps. Je pense avoir clairement indiqué le plus grand moyen d'écarter les dangers des abus de la puissance armée, et de la rendre à jamais invincible en cas de guerre offensive.

Je n'ai voulu aborder aucune autre question que celle de la morale publique, à cause de sa haute importance pour la tranquillité et le bonheur de la société, et à cause de la grandeur des effets du moyen suivant lequel on peut ramener le sacerdoce à l'objet véritable de son institution, et suivant la route qu'il aurait lui-même tracée.

Le régime des finances est une des parties de l'administration publique qui réclame le plus de réformes et de perfectionnemens, sui-

vant des moyens dont la constitution doit
prescrire la base ; je n'ai point dit comment
il fallait réduire l'énormité excessive des dépenses injustes ou inconsidérées , à partir de
celles de la liste civile jusqu'à celles des emplois
administratifs , en telle sorte que les droits
réunis puissent être entièrement supprimés ,
et les contributions ordinaires réduites au taux
de l'an 6. Je n'ai point dit comment on pouvait prévenir les dilapidations et les vols dans
les dépenses administratives , dans le service
des armées et de la marine , et dans l'emploi
des fonds publics , pour l'immense quantité des
travaux faits au compte du gouvernement ; je
n'ai point dit comment ou pourrait les perfectionner et les étendre , dans le même tems ,
parce que ce n'était pas ici le cas de tout
dire.

Il suffira d'admettre , dans la constitution ,
une disposition générale , pour apprendre
successivement de quelle perfection chaque
partie de l'administration est susceptible , et
quels en sont les moyens. Cette disposition
est l'ouverture des concours publics , à l'aide
desquels on découvrirait les abus les plus se-
crètement cachés , et le plus profondément
enracinés , dans chaque administration , en
acquérant la connaissance des mesures les

plus efficaces à prendre pour les extirper et en prévenir le retour.

Chaque ministre devrait, tous les ans, à la fin de la session de la législature, lui faire connaître les problêmes d'administration publique qu'il aurait mis au concours, et rendre compte, à l'ouverture de la session prochaine, des ouvrages offerts par les concurrens. Il n'y a point de doute que cette méthode n'eût le rare avantage d'exciter tous les talens, tous les hommes de génie, à la recherche des meilleurs moyens de prospérité publique, de les y encourager, de leur fournir l'occasion de se faire connaître, de les récompenser et de pouvoir les élever aux places pour lesquelles ils auraient le plus d'aptitude. C'est ainsi que le gouvernement serait assuré de découvrir les premiers talens, de les utiliser de la manière la plus profitable et de ne négliger aucun expédient propre à perfectionner l'économie publique, et à faire prospérer chaque branche du service administratif.

Enfin, c'est ainsi que les citoyens éclairés, qui conçoivent des projets utiles, qui combinent de très - bons plans et qui fournissent des idées justes aux divers ministères, n'éprouveraient plus le triste désavantage d'en être mal accueillis par des chefs ineptes, insoucians , ou jaloux de tout ce qui ne vient pas d'eux , toujours prêts à repousser les meilleures choses , pour s'approprier plus tard, en les dénaturant, le mérite, la gloire et le profit de les avoir imaginées.

Cet abus énorme , dont j'ai éprouvé la funeste influence , est universellement connu ; le gouvernement en souffre le plus , et ne prend aucun moyen de l'extirper. Il faut donc l'anéantir par une simple mesure de législation.

J'ai rempli ma tâche pour l'immense travail de la réorganisation sociale : que personne ne néglige la sienne. Enfin , j'ai émis mon vœu sur la constitution attendue de tous les Français , et desirée de presque toute l'Europe.

F I N.

NOTES.

(1) *Pag.* 1re. C'est la faculté de communiquer la pensée, qui rend l'homme si supérieur aux animaux, qui le rapproche plus intimement de ses semblables, et qui a fait la civilisation. Porter atteinte, en quoi que ce puisse être, à cette faculté, c'est violer le plus saint de tous les droits, et vouloir ramener les hommes à la barbarie, à la brutalité. Ainsi, c'est un crime que de vouloir limiter la publication de la pensée, en imposant des restrictions à la liberté de la presse, et à celle de se réunir pour s'instruire de la politique et discuter des intérêts sociaux. Il n'y a que les tyrans qui puissent concevoir des craintes de la pleine indépendance de la communication de la pensée.

(2) — 4. La faculté de commander en maître le faible ou les subordonnés, et de pouvoir appuyer le commandement de la force, excite l'orgueil; l'orgueil égare la raison : et quand on a perdu la raison, on méconnaît la justice et on abuse de la force. Alors l'insensé mari bat sa femme, le père tyrannise ses enfans, le castellan polonais assomme et tue son vassal, l'officier russe ses soldats, le colon ses nègres, et les rois écrasent les peuples.

(3) — 6. L'histoire des siècles passés n'est que celle des rois, où les peuples ne sont comptés pour rien. L'histoire des rois n'est que celle des guerres suscitées entr'eux pour des intérêts qui leur étaient personnels. Chaque siècle a vu périr, sur chaque partie du globe, plusieurs millions d'hommes, froidement immolés à l'orgueil et à l'ambi-

tion des rois. La destruction des plus belles cités, le ra-
vage des plus belles campagnes, les tourmens et la mort
des peuplades entières, semblent n'être que le menu plai-
sir des rois.

Peuples souverains! trahis, volés, vendus, immolés
par vos mandataires, ouvrez enfin les yeux, dissipez votre
erreur, reprenez la souveraineté qui vous fut ravie par des
hommes audacieux, *dix*, *quinze*, *vingt* et *trente millions*
de fois plus faibles que vous, et vous n'aurez plus de guerre.

Et vous, usurpateurs insensés d'une souveraineté que
vous deviez respecter! « vous qui vous jouez de la vie des
hommes, et prodiguez les fruits de leurs travaux, de leurs
sueurs, de leur subsistance, un repentir tardif, des remords
déchirans seront vos bourreaux, mais ne soulageront pas
ces peuples que vous foulez; vous regretterez vos laboureurs
et leurs moissons, vos soldats, vos sujets; vous pleurerez
sur les malheurs dont vous-mêmes aurez été les artisans,
et qui vous envelopperont avec tout votre peuple. » *Adresse
aux Hessois, par Mirabeau.*

(4) — 12. *Art.* 1108 *du Code civil* des Français.

« Quatre conditions sont essentielles pour la validité
d'une convention :

Le consentement de la partie qui s'oblige ;

Sa capacité de contracter ;

Un objet certain qui forme la matière de l'engagement ;

Une cause licite dans l'obligation. »

(5) — 12. « Si, quand le peuple, suffisamment informé,
choisit, les citoyens n'avaient aucune communication entr'eux, du grand nombre de petites différences résulterait toujours la volonté générale, et le *choix* serait toujours bon. Mais

quand il se fait des brigues, des associations partielles aux dépens de la grande, la volonté de chacune de ces associations devient générale par rapport à ses membres, et particulière par rapport à l'État; on peut dire alors qu'il n'y a plus autant de votans que d'hommes, mais seulement autant que d'associations. Les différences deviennent moins nombreuses et donnent un résultat moins général. Enfin, quand une de ces associations est si grande qu'elle l'emporte sur toutes les autres, vous n'avez plus pour résultat une somme de petites différences, mais une différence unique; alors il n'y a plus de volonté générale, et l'avis qui l'emporte n'est qu'un avis particulier.

« Il importe donc, pour avoir bien l'énoncé de la volonté générale, qu'il n'y ait pas de société partielle dans l'état, et que chaque citoyen n'opine que d'après lui. » *Contrat social.*

(6) — 24. *Art.* 1991 *du Code civil.* « Le mandataire est tenu d'accomplir le mandat tant qu'il en demeure chargé, et répond des dommages-intérêts qui pourraient résulter de son inexécution. »

Art. 1994 *du même Code.* « Le mandataire répond de celui qui s'est substitué dans la gestion, 1°. quand il n'a pas reçu le pouvoir de se substituer quelqu'un; 2°. quand ce pouvoir lui a été conféré sans désignation d'une personne, et que celle dont il a fait choix était notoirement incapable ou insolvable. »

(7) — 25. *Art.* 1992 *du même Code.* « Le mandataire répond non-seulement du dol, mais encore des fautes qu'il commet dans sa gestion.

« Néanmoins la responsabilité relative aux fautes est appliquée moins rigoureusement à celui dont le mandat est gratuit qu'à celui qui reçoit un salaire. »

(8) Ce travail est contenu dans une brochure, qui a pour titre : *Bases fondamentales de la constitution française.* Ces bases reposent sur le droit naturel et sur des principes invariables, en telle sorte que l'ouvrage convient encore aux circonstances, ou plutôt sera toujours également convenable, parce qu'il est au-dessus des circonstances. Il fut accueilli du public malgré les efforts de la censure, qui prescrivait aux journaux de ne pas l'annoncer.

(9) — 33. « Un défaut essentiel et inévitable, qui mettra toujours le gouvernement monarchique au-dessous du républicain, est que, dans celui-ci, la voix publique n'élève presque jamais aux premières places que des hommes éclairés et capables, qui les remplissent avec honneur : au lieu que ceux qui parviennent dans les monarchies ne sont, le plus souvent, que de petits brouillons, de petits fripons, de petits intrigans, à qui les petits talens qui font, dans les cours, parvenir aux grandes places, ne servent qu'à montrer au public leur ineptie, aussitôt qu'ils y sont parvenus. Le peuple se trompe bien moins sur ce choix que le prince, et un homme d'un vrai mérite est presqu'aussi rare dans le ministère, qu'un sot à la tête d'un gouvernement républicain. Aussi, quand par quelqu'heureux hasard, un de ces hommes, nés pour gouverner, prend le timon des affaires dans une monarchie presqu'abîmée par ces tas de jolis régisseurs, on est tout surpris des ressources qu'il trouve, et cela fait époque dans un pays. » *Contrat social.*

(10) — 36. « La constitution garantit, comme droits naturels et civils ;

« La liberté à tout homme de parler, d'écrire, d'imprimer et publier ses pensées, sans que ces écrits puissent être soumis à aucune censure ni inspection, avant leur publication, et d'exercer le culte religieux auquel il est attaché ;

« La liberté aux citoyens de s'assembler paisiblement et sans armes, en satisfaisant aux lois de police. » *Constitution de* 1791.

Art. 7. « Le droit de manifester sa pensée et ses opinions , soit par la voie de la presse , soit de toute autre manière ; le droit de s'assembler paisiblement; le libre exercice des cultes, ne peuvent être interdits.

« La nécessité d'énoncer ses droits suppose , ou la présence, ou le souvenir récent du despotisme. » *Constitution de* 1793.

(11)—*id.* S'il ne convient pas d'ouvrir, de la même manière qu'en 1791, les sociétés populaires , qui , cependant , sauvèrent plusieurs fois la liberté , et qui ne lui furent nuisibles que parce que ses ennemis y furent en plus grand nombre sous le manteau du patriotisme ; il est absolument nécessaire que la généralité des citoyens instruits puisse tenir des réunions publiques pour discuter les intérêts sociaux, y veiller au bien commun , instruire de leurs devoirs les citoyens moins éclairés , et pour former l'esprit national de la France.

Pour n'avoir rien à craindre de ces réunions, et pour en obtenir le plus grand bien , il suffira qu'elles soient instituées à la manière des sociétés savantes; qu'elles ne puissent prendre des délibérations, et que l'on ne puisse y parler, que d'après des discours écrits, dont chaque société resterait dépositaire. Personne alors ne pourrait abuser de la faculté de parler en public, et chacun serait responsable de l'abus qu'il oserait tenter d'en faire.

3

(12) — 44. La constitution de l'an 8 ne mérite d'être considérée que comme une charte, tant par sa rédaction et par les vues d'après lesquelles elle fut conçue, que parce qu'elle fut moins acceptée par le peuple français, qu'elle ne lui fut imposée à la manière d'une charte. Enfin elle ne réunit pas les conditions nécessaires à une constitution valable.

(13) — 52. Il ne paraît pas nécessaire d'employer le sort pour les élections des juges. Ces élections seront toujours bonnes avec la pluralité absolue des suffrages, en restreignant d'ailleurs les conditions de l'éligibilité.

(14) — 54. M'étant restreint à ne donner dans cet écrit, que des vues générales, je n'ai point parlé des conditions d'éligibilité pour les listes des notables, des prud'hommes, ou des délégués, ni de celles que chaque fonction publique rendrait particulièrement nécessaires.

La constitution de 1791 embrasse le détail de ces conditions, suivant un esprit très-sage et très-équitable. On n'a rien perfectionné, quand on a fait des changemens dans cette partie de la législation ; mais on a tout gâté et tout détruit. Il est de toute nécessité de revenir aux mêmes principes. Il est de toute nécessité de ne point admettre la richesse pour base d'éligibilité, parce que la richesse est le poison des talens, des vertus et du patriotisme, et que le salut de la patrie commande de n'élever aux fonctions publiques que des hommes connus par leurs talens, considérés par leurs vertus, et d'un patriotisme à toute épreuve.

Les conditions d'éligibilité sont de deux sortes : les unes légales, et les autres morales. La loi détermine les premières, les autres sont livrées au sentiment des électeurs.

L'observation ou l'oubli des premières rend une élection valable ou nulle. L'observation ou l'oubli des autres la rend bonne ou mauvaise. Pour mettre les électeurs à portée de ne pas faire de mauvaises élections, il serait toujours bon de les faire précéder par des instructions qui leur rappelleraient les conditions morales suivant lesquelles ils feraient leur choix. Cette disposition est d'une telle importance, qu'elle doit être prescrite par la constitution.

(15) — 60. « Les leçons que Cicéron donne aux censeurs, sont perdues pour les peuples qui se sont élevés au-dessus de la censure.

« Son opinion sur l'utilité des tribuns honore le sénateur qui eut souvent sujet de se plaindre de leur prépondérance.

« Et nous aussi, nous pourrions en avoir des tribuns, pour prévenir les troubles, les séditions, et diriger le peuple vers un but légitime ; mais il ne faudrait pas qu'il fût le maître de les choisir dans toutes les classes.

« Il faudrait que, revêtus du ministère public, ces nouveaux tribuns ne fussent ni les gens du roi, ni ceux des magistrats, ni ceux des municipalités, ni les hommes du peuple, pour veiller à l'exécution des décrets de la nation, des règlemens de police, pour accélérer la justice dans les tribunaux, pour inspecter les prisons, les hôpitaux, pour garantir le faible de toute injustice et de toute oppression. » *Constitutions des principaux états de l'Europe, par M. de Lacroix.*

(16)—61. *Balance* ou *équilibre* sont ici véritablement synonymes et ne doivent, sans doute, se prendre qu'au figuré. Mais le figuré n'a de sens qu'avec la comparaison avec le positif. Or, au positif, plus l'équilibre est exact, moins il faut de contre-poids pour le rompre. Aussi arrive-t-il, en politique, qu'en mettant deux autorités l'une en opposition avec l'autre, et d'une prépondérance égale, un rien donne à l'une la faculté de l'emporter sur l'autre. Le despotisme est toujours la conséquence de l'équilibre rompu. Il n'y aura de constitution stable que celle qui aura une institution capable de contenir l'autorité. N'ayons plus l'absurdité de nous extasier sur le prétendu mérite de cette prétendue *balance* ou *escarpolette* des pouvoirs distribués à la manière anglaise, « quand il est aisé de se « convaincre, a dit un anglais, que c'est à l'inflexibilité « des lois *pour tout le monde*, en Angleterre, et à l'atten-« tion qu'elles ont de fixer despotiquement les fonctions de « leur pouvoir, *qui est l'unique*, le cercle où cette fonction « doit se contenir, qu'il faut attribuer toute la vertu qu'on « suppose attachée à cette ridicule balance ou escarpolette. »

(17) — 73. *Art.* 102 *de la constitution de l'an* 3.

« Le conseil des anciens peut changer la résidence du corps législatif ; il indique, en ce cas, un nouveau lieu, et l'époque à laquelle les deux conseils sont tenus de s'y rendre.

« Le décret du conseil des anciens sur cet objet est irrévocable. »

(18) —74. Le président de Montesquieu a décrit et loué les diverses formes des gouvernemens, dans l'Esprit des lois, comme Diderot les procédés des arts dans l'Encyclopédie ; c'est-à-dire, sans les bien connaître, sans se donner la peine de remonter à leur origine, d'en suivre les progrès, d'en examiner les causes, et avant tout, d'établir les prin-

cipes qui doivent leur servir de base , afin de vérifier s'ils s'en écartent , et comment on peut les y ramener , et par conséquent diriger leurs perfectionnemens et leurs progrès.

M. de Cazaux , qui a combattu (a) le galimatias de l'Esprit des lois , liv. XI , chap. VI , concernant l'organisation du parlement d'Angleterre , et démontré que cette organisation est radicalement vicieuse , en ce qu'elle met le pouvoir législatif à la disposition du ministère , après avoir réfuté plusieurs erreurs de Montesquieu sur la législation de l'Angleterre , s'exprime ainsi : « Je ne puis me « repentir d'avoir parlé de l'éternité des langes , dont la « circonspection de M. de Montesquieu enveloppait toutes « les nations, si l'on négligeait plus longtems de le regarder « comme un malheureux forçat , ramant sans cesse entre « trois écueils , dont il était impossible que ses lumières « puissent toujours le garantir , *les préjugés de son ordre ,* « *les intérêts de son corps, et l'esclavage des écrivains de* « *son siècle.* »

(19) — 74. « *Assemblée nationale.* Le mot seul me séduit: j'aime les nations , j'aime tout ce qui m'en donne l'idée : j'aime tout ce qui réveille en moi l'idée de l'immortalité , et je crois que les nations ne disparaîtront plus de la surface de la terre , lorsque les ministres , qui sont tout, ne seront plus que les serviteurs des peuples et des rois , et que les peuples et les rois , qui ne sont rien , seront tout ce qu'ils doivent être , l'un par l'autre : — or, ce bonheur , qu'ils ne l'attendent que des assemblées nationales. Charlemagne

---

(a) Dans son ouvrage intitulé : *Simplicité de l'idée d'une constitution.*

en eut, dit-on : — non , il voulut en avoir ; mais il fallait que ce grand homme vécût encore un siècle pour élever son peuple jusqu'à la hauteur de cette idée : elle périt avec lui. » *Simplicité de l'idée d'une constitution.*

(20) — 91. L'évènement de notre révolution avait produit, en Angleterre, le plus grand enthousiasme ; le ministère tyrannique de Pitt en conçut la plus vive alarme. Il méditait en secret la ruine de la France, et pour en trouver l'occasion, il cherchait la guerre. Le peuple anglais ne la voulait point, et la France avait aussi résolu de rester à tout prix en bonne intelligence avec l'Angleterre. Pitt, l'infâme Pitt, et l'abbé Talleyrand , dont le front n'est qu'un champ d'opprobres , se concertèrent pour lever les difficultés. Pitt organisa d'un côté, dans toute l'Angleterre, un plan de diffamation contre la France, et parvint à corrompre l'opinion publique sur les causes et les conséquences des évènemens de notre révolution , et sur les intentions de la France ; de l'autre, il soumettait les Français à toutes les humiliations ; faisant les provocations les plus multipliées et les plus insultantes contre la nation ; violait ouvertement tous les traités , et refusait jusqu'à la plus petite satisfaction, tandis que l'abbé Talleyrand excitait avec Brissot, dans l'assemblée nationale, un parti contre l'Angleterre , afin de lui faire déclarer la guerre , et la faisait ardemment prêcher dans tous les clubs. Il est juste de dire ici que Robespierre s'éleva fortement contre ce cri général de *guerre;* Il en avait pressenti toutes les suites funestes.

Milord Stanhope eut occasion de faire avertir , par un jeune français, les députés de l'assemblée nationale, de se tenir en garde contre les intrigues secrètes des ministres anglais, et contre leurs liaisons criminelles avec l'évêque d'Autun. Celui-ci trouva moyen de faire éloigner ce jeune français , et la guerre fut imprudemment déclarée, avant d'avoir pris aucune précaution en France, ni dans les Indes, contre les suites de cette déclaration, lorsque depuis longtems les Anglais avaient préparé tous les moyens de ravir nos colonies, de ruiner notre commerce, de détruire nos flottes, et de s'emparer de nos ports. Tel fut le fruit d'une des premières trahisons de l'évêque d'Autun, qui ne manqua pas, dans la suite, de desservir auprès de l'empereur celui qui avait eu le secret de son infamie.

(21) — 91. « Les troupes réglées, dit J.-J. Rousseau dans « ses Considérations sur le gouvernement de la Pologne, ne « sont bonnes qu'à deux fins ; ou pour attaquer et con- « quérir les voisins, ou pour enchaîner et asservir les ci- « toyens. L'état ne doit pas rester sans défenseurs, je le « sais ; mais ses vrais défenseurs sont ses membres. Tout « citoyen doit être soldat par devoir, nul ne doit l'être par « métier. »

(22) — 97. J'ai construit et proposé, dans l'an 8, un télégraphe portatif, à l'usage de l'armée, de la marine et de l'intérieur, dont on peut voir la description dans le tome XIV des annales des arts et manufactures, pour l'emploi duquel le général Magdonald avait disposé le plan d'une légion télégraphique. Ce télégraphe s'appliquerait de la manière la plus favorable au commandement de la garde nationale, et à la direction des mouvemens de l'armée. Il ne coûte presque rien d'exécution ; les paysans en pour- raient faire partout, ils en apprendraient facilement l'u- sage. Avec cela ils se donneraient des avis, de village en village, pour se rallier et diriger leurs mouvemens ; ils établiraient ainsi des communications, de hauteur en hau- teur, par-dessus les bois et les rivières, souvent malgré

la présence de l'ennemi , pour se concerter et agir , à l'effet de l'inquiéter , de le harceler , de le surprendre, de l'empêcher de fourager, de se ravitailler, et pour lui faire de toutes parts une guerre de détail à laquelle il lui serait impossible de résister.

(23) — 98. Voyez dans le septième cahier des Lettres philosophiques de R. Bazin , les détails que j'ai publiés sur un nouvel ensemble de moyens de défense , et comment on peut parvenir à construire des retranchemens de campagne qu'on ne peut détruire par la brèche, ni emporter d'assaut.

(24) — *ibid.* Tous les moyens de défense sont bons, quand il s'agit de résister à une attaque injuste , et de préserver ses champs et son domicile de la dévastation des troupes étrangères. A défaut d'armes de guerre et de poudre, la garde nationale sédentaire serait infiniment capable de défendre la brèche avec de l'eau bouillante , et lancée par des pompes à incendie. Rien ne mettrait plus aisément un aussi grand nombre d'assaillans hors de combat.

FIN DES NOTES.

- De l'Imprimerie de M^e. V^e. PERRONNEAU, quai des Augustins , n°. 39.

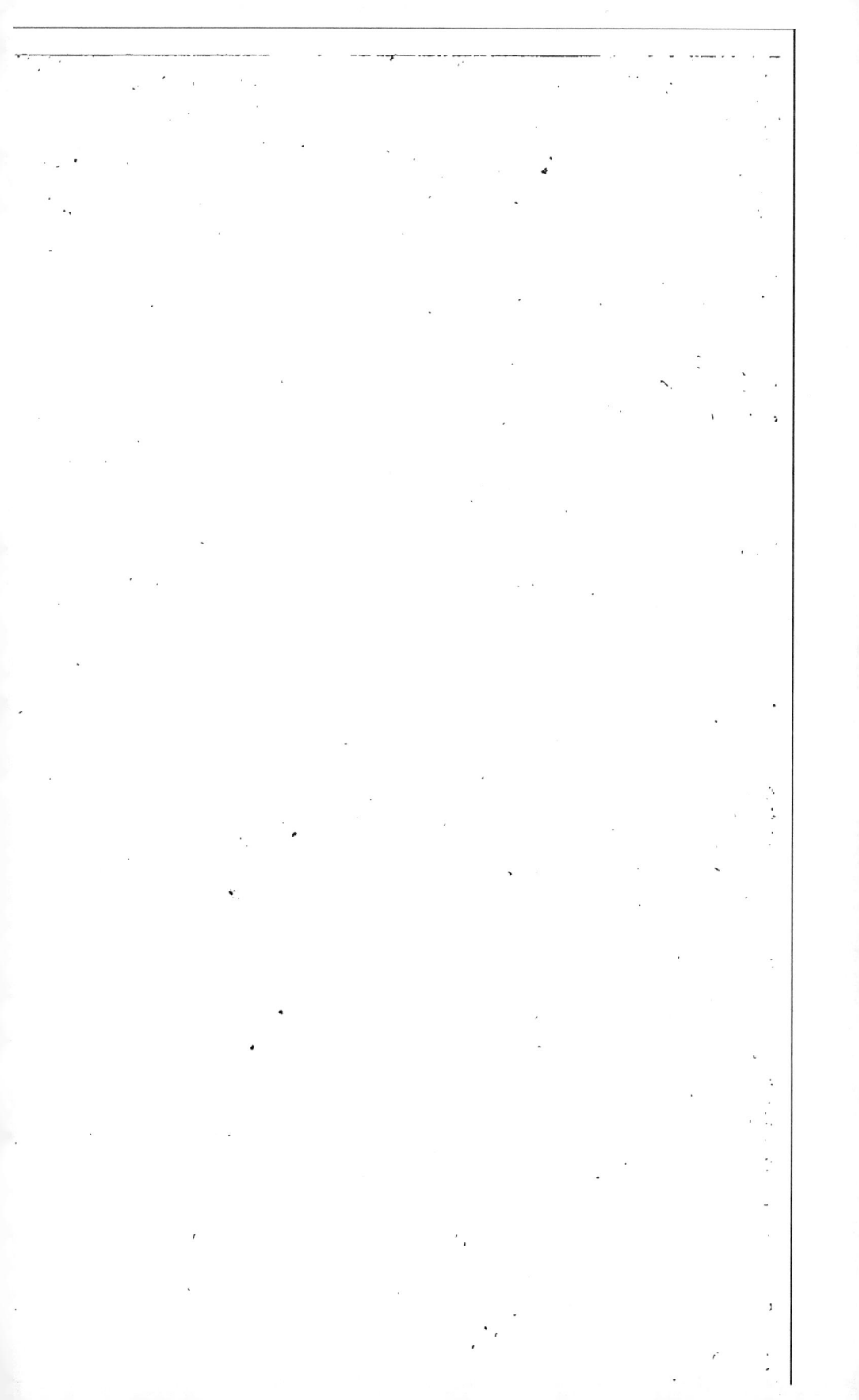

www.ingramcontent.com/pod-product-compliance
Lightning Source LLC
Chambersburg PA
CBHW071827090426
42737CB00012B/2196